# Angående Synd, Rettferdighet, og Dom

*"Og Han, når Han kommer, vil fordømme verden når det gjelder synd og rettferdighet og dom…"*

(Johannes 16:8)

Hellighet og Makt Serien (Innledning 1)

# Angående Synd, Rettferdighet, og Dom

Den To Uker Lange Spesielle Oppvekkelses
Gudstjeneste Serie - 1

Dr. Jaerock Lee

Angående Synd, Rettferdighet, Dom av Dr. Jaerock Lee
Utgitt av Urim Bøkene (Representant: Johnny. H. Kim)
73, Yeouidaebang-ro 22-gil, Dongjak-gu, Seoul, Korea
www.urimbooks.com

Alle rettigheter forbeholdt. Denne boken eller deler av den kan ikke bli kopiert i noen som helst form, oppbevart i et oppbevarings system, eller overført på noen som helst måte, elektronisk, mekanisk, foto kopiert eller opptatt uten skriftlig forhåndstillatelse ifra redaktøren.

Hvis ikke noe annet har blitt notert, har alle utskriftene blitt tatt ifra den Hellige Bibelen, NEW AMERICAN STANDARD BIBLE, *, Copyright © 1960, 1962, 1963, 1968, 1971, 1972, 1973, 1975, 1977, 1995 av Lockman Foundation. Brukt ved tillatelse.

Kopierings rettigheter © 2016 av Dr. Jaerock Lee
ISBN: 979-11-263-0988-7 03230
Oversettelses Rettigheter © 2013 av Dr. Esther K. Chung. Brukt ved tillatelse.

*Først Utgitt i mars 2022*

Tidligere utgitt på koreansk i 2011 av Urim Bøkene i Seoul, Korea

Redigert av Dr. Geumsun Vin
Designet av Urim Bøkenes Redigerings Byrå
Trykket av Prione Trykkeri
For mer informasjon, ta vennligst kontakt med: urimbook@hotmail.com

# Forfatterens Merknad

**Jeg ber om at leserne blir rettferdige personer som mottar Guds mektige kjærlighet og velsignelser...**

Når den mektige pioner, Martin Luther var ung, hadde han en dramatisk erfaring. En dag da han og en venn stod under et tre for å unngå regnet, slo lynet ned, og hans venn som stod like ved siden av ham døde. På grunn av denne begivenheten, ble Luther en munk, og han led av frykt for den Gud som dømte og fordømte synd. Selv om han brukte lang tid i tilståelse båsen, kunne han ikke finne noen løsning på problemet angående synd. Samme hvor mye han studerte Bibelen, kunne han ikke finne svaret på spørsmålet, "Hvordan kan et urettferdig menneske tilfredsstille den rettferdige Gud?"

Så en dag mens han leste et av Paulus brev, fant han til slutt den freden han hadde lett så lenge etter. Det står i Romerne 1:17, "For inne i den vil den rettferdige Gud bli avslørt fra tro til tro; akkurat som det står skrevet, 'Men det rettferdige menneske skal leve ifølge troen.'" Luther begynte å forstå "Guds rettferdighet". Selv om han opp til dette tidspunktet bare hadde vært vitne til Guds rettferdighet som dømmer alle mennesker, ble han nå mer klar over Guds rettferdighet som hele tiden tilgir syndene til alle mennesker som tror på Jesus Kristus, og Han vil til og med kalle dem 'rettferdige'. Etter at han innså dette, levde Luther med en udødelig lidenskap for sannheten.

På denne måten vil ikke Gud bare fritt anerkjenne de som tror på Jesus Kristus som 'rettferdige'; men Han vil også gi dem den Hellige Ånd i gave slik at de kan bli kjent med synd, rettferdighet, og dom, og slik at de kan adlyde Gud på egen hånd og fullføre Hans vilje. Vi burde derfor ikke stoppe så fort vi mottar Jesus Kristus og blir kalt rettferdige. Det er veldig viktig å bli en virkelig rettferdig person ved å kaste bort synden og ondskapen inne i oss ved hjelp av den Hellige Ånd.

For de siste 12 årene Gud har fått vår kirke til å holde en to uker lang spesiell oppvekkelse gudstjeneste hvert eneste år slik at alle kirke medlemmer kunne motta velsignelse om å bli rettferdige mennesker gjennom troen. Han førte oss til punktet hvor vi kunne motta svar på alle de bønner som vi løftet opp til Ham. Han ledet oss også slik at vi kunne forstå forskjellen på åndens, godhetens, lysets, og kjærlighetens dimensjon, slik at vi kunne motta Guds makt. Og med hvert eneste år som gikk idet vi gikk imot troen mot hellighet og makt, Gud velsignet mange mennesker over alt i verden slik at de kunne erfare Guds makt som det står skrevet om i Bibelen og som går utenom all tid og sted.

Vi utga oppvekkelses gudstjeneste serien, "Hellighet og Makt", som inneholder budskapet om Guds dype forsyn, slik at leserne systematisk kunne lære om dem. Oppvekkelses budskapene fra de tre første årene vil være en "Innledning." De er bekymret med å gå imot den virkelige rettferdigheten ved å fjerne den syndige veggen mellom oss og Gud. Da vil budskapene fra de neste fire årene lære oss om hvordan vi kan gå imot hellighet og makt, som vil tjene som "Hoved Budskapet". Til slutt vil budskapene fra de siste fem årene dekke hvordan vi kan erfare Guds makt ved å praktisere Guds Ord. Dette vil tjene som selve "Søknads" delen av denne utgaven.

Det er i dag mange mennesker som går videre med livet deres og som ikke engang visste hva synd var, hva rettferdighet var, og hva døm er. Selv de som går i kirken har ikke forsikring om frelse, og de lever verdslige liv—akkurat som alle andre i verden. De lever heller ikke kristelige liv ifølge

Guds rettferdighet, men er rettferdige ifølge hva de selv tror rettferdighet er. Så Ifølge Synd, Rettferdighet, og Dom er den første boken fra Hellighet og Makt gudstjeneste serien som har med hvordan vi kan leve et suksessfullt kristelig liv ved å motta tilgivelse for våre synder og ved å fullføre Guds rettferdighet.

For å anerkjenne denne lære gjennom beviset fra Hans makt, Gud lovte om velsignelse om graviditet for dusinvis av par som hadde vært gift i 5-6 år og til og med opptil 10 år uten at de hadde kunnet få barn, den første dagen av oppvekkelsen i 1993. Innen slutten på oppvekkelsen, hadde nesten alle disse parrene blitt gravide og begynte så å oppleve deres nye familie.

Jeg vil gjerne takke Geumsun Vin, Direktøren for Redigerings Byrået og hennes ansatte for deres harde arbeide med å utgi denne utgaven av denne boken, og jeg ber i Herrens navn om at mange mennesker som leser denne boken kan løse deres syndige problemer ved å motta svar på alle deres bønner!

Mars 2009

Jaerock Lee

# Innledning

Denne boken med tittelen Angående Synd, Rettferdighet, og Dom, inneholder fem kapittel som angår hvert emne angående synd, rettferdighet, og dom. Denne boken forklarer i detaljer om hvordan en kan finne løsningen på syndens problem, hvordan en kan leve et liv med velsignelse ved å bli et rettferdig menneske, og hvordan en heller kan unngå den fremtidige dommen og nyte den evige velsignelsen.

Det første kapittelet angående synden har tittelen "Frelse". Dette forklarer hvorfor menneskene må bli frelst og den virkelige meningen og metoden med det å motta frelse. Kapittelet etter dette, "Faderen, Sønnen, og den Hellige Ånd", leder leserne slik at de riktig kan forstå hvordan Guds makt og myndighet, Jesus Kristus navn, og den Hellige Ånds ledelse kan alle arbeide sammen som Gud den Treenige, slik at en kan motta en klar løsning på syndens problem og gå den riktige veien imot frelse.

Kapittelet med tittelen "Kjødelighetens Arbeide" analyserer og forklarer om syndens vegg som står mellom Gud og menneskene. Det neste kapittelet med tittelen "Å Bære Frukt ved å holde på Sin Anger", forklarer om viktigheten med å bære frukt samtidig som en angrer for å kunne nå en fullstendig frelse gjennom Jesus Kristus.

Det siste kapittelet angående synd, har tittelen, "Avsky Ondskap; Hold Deg Til Gud", vil lære leserne om å kaste bort ondskap som er utilfredsstillende for Gud, og oppføre seg godt, ifølge Ordet og sannheten.

Etterpå i det første kapittelet som har med rettferdighet å gjøre, "Rettferdighet Som Fører til Livet", viser klart og tydelig hvordan vi—alle mennesker—mottar et evig liv gjennom rettferdigheten til Jesus Kristus. I kapittelet med tittelen, "De Rettferdige Skal Leve Ifølge Troen", forklarer om hvor viktig det er å innse at frelse bare kan bli oppnådd gjennom troen; og at dette derfor er grunnen til at vi må oppnå den virkelige troen.

8. Kapittel, "Kristus Lydighet", sier at en må bryte ned de kjødelige tankene og teoriene og bare adlyde Kristus, slik at de kan få en virkelig tro og nyte et rikt liv fullt av velsignelser og svar på bønnene. 9. Kapittel, "Han Som Herren Anbefaler", tar en nærmere titt på livene til flere av de troende patriarkene, mens de lærer leserne om hvordan de må oppføre seg for å kunne bli en person som blir anbefalt av Gud. Det siste kapittelet angående rettferdighet, har tittelen "Velsignelse". Dette er en observasjon på livet og troen til Abraham—troens far og velsignelsens frø—etterfulgt av noen praktiske måter hvor en troende kan nyte livets velsignelser.

I det første kapittelet angående dom, trenger tittelen "Synden om Å Ikke Adlyde Gud", seg inn i konsekvensene som følger når menneskene begår synder ved å sette seg opp imot Gud. Det neste kapittelet, "Jeg Vil Viske Menneskene Vekk fra dette Landet", beskriver Guds dom som etterfølger når menneskets ondskap når dens bristepunkt.

Kapittelet med tittelen "Sett deg Ikke Opp Imot Hans Vilje", forteller leserne at Guds dom kommer når en setter seg opp imot Guds vilje og kan bli lydig overfor Gud. I kapittelet med tittelen "Dette Sier Hærskarens Herre", forklarer forfatteren i detaljer om hvordan en kan motta helbredelse og svar på bønner. Han forklarer også om hvor viktig det er å bli et rettferdig menneske som frykter Gud.

Og det siste kapittelet, "Angående Synd, Rettferdighet, og Dom", åpner veien til å løse syndens problem; bli et rettferdig menneske; møte den levende Gud; hvordan en kan unngå at den Siste Dommen kommer; og det å motta et liv med evig velsignelser.

Denne boken forklarer spesielle måter om hvordan vi som har aksepterte Jesus Kristus og mottatt den Hellige Ånd kan motta frelse og et evig liv, svar på våre bønner og velsignelser. Jeg ber i Herrens navn at mange mennesker gjennom denne boken vil bli rettferdige menn og kvinner som tilfredsstiller

Gud!

Mars, 2009
*Geumsun Vin,*
Direktøren for Redigerings Byrået

Innehold

Forfatterens Merknad
Innledning

## Del 1 Angående Synd...

1. Kapittel Frelse · 3

Gud Skaperen og menneske
Veggen med synd mellom Gud og menneske
Den virkelige meningen med frelse
Frelsens metode
Frelsens forsyn gjennom Jesus Kristus

2. Kapittel Faderen, Sønnen, og den Hellige Ånd · 13

Hvem er Gud Faderen?
Gud Faderen – den høyeste direktøren for menneskenes kultivering
Hvem er Sønnen, Jesus Kristus?
Jesus Kristus Frelseren
Hvem er den Hellige Ånd, Tjeneren?
Arbeidet fra den Hellige Ånd, Tjeneren
Gud den Treenige oppfyller frelsens forsyn

3. Kapittel  Det Kjødelige Arbeide · 27

De kjødelige tingene og arbeidet fra det kjødelige
Det kjødelige arbeide som gjør at mennesker ikke kan arve Guds kongerike
Bevis på det kjødelige arbeide

4. Kapittel  "Du skal så Bære Frukt samtidig som du Angrer" · 47

Ormeyngel
Du må bære frukter når du angrer
Anta ikke at Abraham er din far
"alle trær som ikke bærer gode frukter blir skjært ned og kastet inn i ilden"
Frukter du har når du angrer
Menneskene som bår frukte når de angret

5. Kapittel  "Avsky Det Onde; Hold Fast på Gud." · 63

Hvordan ondskap blir vist som en synd
Å kaste bort ondskap og bli en god person
En ond og bedragersk generasjon som hele tiden håper på et tegn
Formen for ondskap som vi burde avsky

Ordliste 1

## Del 2 Angående Rettferdighet...

6. Kapittel  Rettferdighet som Leder til Livet · 83

Rettferdighet i Guds øyne
Den ene rettferdighets gjerningen som redder alle menneskene
Begynnelsen av rettferdigheten er å tro på Gud
Jesus Kristus rettferdighet som vi må etterligne
Måten vi kan bli en rettferdig person
Velsignelsene til de rettferdige

7. Kapittel  De Rettferdige Skal Leve Ifølge Troen · 97

Å bli en virkelig rettferdig person
Hvorfor må vi bli rettferdige?
De rettferdige skal leve ifølge troen
Hvordan vi kan få en åndelig tro
Måter å leve ifølge troen

## 8. Kapittel  Til Kristus Lydighet · 109

Kjødelige tanker som er fiendtlige overfor Gud
"Selvgodhet" – en av de kjødelige hoved tankene
Apostelen Paulus rev ned hans kjødelige tanker
Rettferdigheten som kommer ifra Gud
Saulus var ulydig imot Gud på grunn av hans kjødelige tanker
Måten en kan oppfylle Guds rettferdighet gjennom troen

## 9. Kapittel  Han som Herren Anbefaler · 123

Han som Herren Anbefaler
Å bli anbefalt av Gud
Stift ditt begjær og ønsker på korset
Patriarkene som var rettferdige overfor Gud

## 10. Kapittel  Velsignelse · 137

Abraham, Troens Far
Gud ser på troen som rettferdighet og gir Hans velsignelser
Gud gir god kvalitet kar gjennom prøvelser
Gud forbereder til og med en utvei, selv under prøvelser
Gud gir til og med velsignelser under prøvelser
Abrahams kars egenskap

Ordliste 2, 3

# Del 3 Angående Dom...

11. Kapittel  Synden med å Være Ulydig overfor Gud · 155

Adam, mannen som ble skapt i Guds speilbilde
Adam spiste den forbudne frukten
Resultatet av Adams synd når han var ulydig overfor Gud
Grunnen til at Gud skapte treet med kunnskapen om godt og ondt
Måten an kan bli fri fra forbannelsen som synden har forårsaket
Resultatet av Saulus synd vedrørende hans ulydighet overfor Gud
Resultatet av Kains synd vedrørende hans ulydighet overfor Gud

12. Kapittel  "Jeg Vil Slette Ut Menneskene fra Denne Jorden" · 167

Forskjellen mellom en ond person og en god person
Hvorfor Gud dom kommer
\* Fordi menneskets ondskap var så stor
Fordi tankene i hjertet er onde
Fordi hver eneste hensikt i hjertet er alltid ondt
For å unngå Guds dom

13. Kapittel  Sett Deg Ikke Opp Imot Hans Vilje · 179

Dom kommer når vi setter oss opp imot Guds vilje
Mennesker som satte seg opp imot Guds vilje

14. Kapittel  "Derfor Sier Vertenes HERREN…" · 193

Gud avviser de stolte
Kong Hiskias stolthet
De troendes stolthet
De falske profetenes stolthet
Dommen for menneskene som oppfører seg med stolthet og ondskap
Velsignelsene til de rettferdige som frykter Gud

15. Kapittel  Angående Synd, Rettferdighet, og Dom · 203

Angående synd
Hvorfor Han dømmer på grunn av synd
Angående rettferdighet
Hvorfor Han dømmer på grunn av rettferdighet
Angående fordømmelse
Den Hellige Ånd dømmer verden
Kast bort synd og lev et rettferdig liv

Ordliste 4

# Angående synd

"… angående synd, fordi de ikke tror på Meg;"
(Johannes 16:9)

"Hvis du er god, vil ikke din mine bli løftet opp? Og hvis du ikke gjør det så godt, da ligger synden på lur ved inngangen; men du må få herredømme over den." (Første Mosebok 4:7)

"'Bare erkjenn din misgjerning, at du er falt fra HERREN din Gud og på forskjellige veier har løpet om til de fremmede guder, inn under hvert grønt tre, og på Min røst har dere ikke hørt,' sier HERREN." (Jeremias 3:13)

"Sannelig sier Jeg dere: Alle synder skal bli menneskenes barn forlatt, og alle bespottelser som de taler;
men den som taler bespottelig mot den Hellige Ånd, han får i all evighet ikke forlatelse, men er skyldig i en evig synd." (Markus 3:28-29)

"'Men for at dere skal vite at Menneskesønnen har makt på jorden til å forlate synder' -- så sa Han til den verkbrudne: 'Jeg sier deg: Stå opp og ta din seng og gå hjem til ditt hus!'" (Lukas 5:24)

"Siden traff Jesus ham i templet og sa til ham: 'Se, du er blitt frisk; synd ikke mere, for at ikke noe verre skal vederfares deg.'" (Johannes 5:14)

"Vet dere ikke at når dere gir dere selv som lydige slaver, da er dere slaver til de dere adlyder, enten det gjelder synd som havner i døden, eller lydighet som har med det rettferdige å gjøre?" (Romerne 6:16)

"Mine barn! dette skriver Jeg til dere for at dere ikke skal synde. Og om noen synder, da har vi en talsmann hos Faderen, Jesus Kristus, den rettferdige; og Han er en soning for våre synder, og ikke bare for våre, men også for hele verdens." (1. Johannes 2:1-2)

## 1. Kapittel

# Frelse

*"Og det er ikke frelse i noen annen;
for det er heller ikke noe annet
navn under himmelen, gitt blant
mennesker, ved hvilket
vi skal bli frelst."*
*(Apostlenes Gjerninger 4:12)*

I denne verden, avhengig av religionen og kulturen, vil mennesker tilbe alle slags idoler; det finnes til og med en som blir kaldt 'den gud vi ikke kjenner' (Apostlenes Gjerninger 17:23). En religion som i dag blir kaldt 'Den Nyfødte Religionen', er en religion som har oppstått fra en blanding av lære fra mange forskjellige religioner. Denne religionen har fått mye oppmerksomhet, og mange mennesker har akseptert denne 'flertalls religionen', som er basert på en filosofi om at det finnes frelse i alle religioner. Men Bibelen forteller oss at Gud Skaperen er den eneste virkelige Gud, og at Jesus Kristus er den eneste Frelseren (Femte Mosebok 4:39; Johannes 14:16; Apostlenes Gjerninger 4:12).

## Gud Skaperen og menneske

Gud eksisterer uten noen som helst tvil. Akkurat som vi eksisterer fordi våre foreldre fødte oss, eksisterer menneskene her i denne verden fordi Gud skapte oss.

Når vi kikker på en lite ur, kan vi se at de små delene på uret arbeider omstendelig sammen for å gi riktig tid. Men det er ingen som vil se på uret og tenke at dette bare har helt tilfeldig skjedd på egen hånd. Selv et lite ur kan overleve her i denne verden fordi noen laget den. Så hva med universet? I motsetning til det lille uret, er universet så veldig komplisert og så stort at menneskenes sinn ikke engang kan forestille all dens mystikk eller til og med fatte dens begrep. Det faktum at sol systemet, som bare er en liten del av universet, men som drives så presist uten noen som helst feil, gjør det veldig vanskelig å ikke tro på Guds skapelse.

Det samme gjelder menneske kroppen. Alle innvollene, cellene, og mange andre grunnstoffer er arrangert så perfekt og arbeider så godt sammen at deres ordning og funksjoner bare er et utrolig under. Men med alle tingene som menneske har funnet ut om menneske kroppen, er dette bare en liten del av alt det som ikke ennå er avslørt. Så hvordan kan vi så si at menneskenes anatomi bare ble til helt tilfeldig?

La meg dele en simpel illustrasjon med dere som alle lett kan anerkjenne. I ansiktet til en person finnes det to øyne, en nese, to nesebor, en munn, og to ører. De har blitt arrangert på en slik måte at øynene sitter helt på toppen, mesen er i midten, munnen er under nesen, og ørene har blitt satt en på hver side av ansiktet. Dette er det samme om vi er Sorte, Hvite, eller Asiat. Dette gjelder ikke bare mennesker. Dette er også riktig for dyr som løver, tigre, elefanter, hunder, osv., og for fugler som ørner og duer, og til og med fisk.

Hvis Darwins evolusjon var riktig, da måtte dyr, fugler, og mennesker ha blitt til på hver sin måte ifølge deres omgivelser. Men hvorfor er utseende og ordningen av ansiktene så like hverandre? Dette er det mektige beviset på at den eneste Gud Skaperen utformet og skapte oss alle. Faktumet om at vi alle var skapt gjennom den samme profilen viser oss at Skaperen ikke er flere skapninger, men bare en skapning.

Opprinnelig var jeg en ikke troende. Jeg hørte mennesker si at hvis jeg gikk til kirken ville jeg bli frelst. Men jeg visste ikke engang hva frelse var, eller hvordan jeg kunne få det. Men en dag stoppet maven min å virke på grunn av mye drikking av alkohol, og til slutt ble jeg så syk at jeg ble sengeliggende i sju år. Hver eneste natt helte mor min vann i en bolle og kikket opp til Karlsvognen i himmelen. Hun gned hendene sine sammen og ba og ba for min helbredelse. Hun ga til og med masse penger til Buddha tempelet, men jeg ble bare sykere og sykere. Jeg ble ikke reddet fra denne desperate situasjonen av Karlsvognen eller Buddha. Det var Gud. Så fort mor min hørte at jeg hadde blitt helbredet etter at jeg hadde gått i kirken, kastet hun vekk alle sine idoler og gikk til kirken. Dette var fordi hun innså at det var bare Gud som var den virkelige Gud.

## Veggen med synd mellom Gud og menneske

Selv om det faktum at det finnes slike klare bevis på at Skaperen Gud, Han som skapte himmelen og jorden, eksisterer, hvorfor har det seg at mennesker ikke tror på Ham eller møter Ham? Dette er fordi det finnes en vegg med synd som blokkerer forholdet mellom Gud og menneske. Fordi Gud Skaperen er rettferdig, og Han har absolutt ikke noen synd, kan ikke vi kommunisere med Ham hvis vi er syndige.

Det finnes til tider mennesker som tenker, "Jeg er ikke syndig." Akkurat som vi ikke kan se en flekk på vår skjorte hvis vi står i et mørkt rom, kan vi heller ikke se våre synder hvis vi står midt i den mørke usannheten. Så hvis vi sier at vi tror på Gud men har våre åndelige øyne lukket, da kan vi ikke finne våre synder. Vi gikk bare hele tiden frem og tilbake til kirken. Resultatet? Vi går i kirken i 10, eller til og med 20 år uten å møte Gud og uten å motta noe svar på noen av våre bønner.

Kjærlighetens Gud vil gjerne møte oss, prate med oss, og svare på våre bønner. Det er på grunn av dette Gud iherdig spør hver og en av oss, "Vær så snill og bryt ned veggen med synd mellom deg og Meg slik at vi kan fritt ha kjærlige samtaler. Vær så snill og åpne en vei for Meg slik at Jeg kan fjerne den smerte og lidelse som du nå har."

La oss innbille oss at et lite barn prøver å sette en liten tråd gjennom et lite nåløye. Dette er vanskelig for et lite barn. Men det er en relativt lett oppgave for barnets foreldre. Men samme hvor mye foreldrene gjerne vil hjelpe barnet, kan de ikke hjelpe deres barn hvis en stor vegg står mellom dem og barnet. Vi kan heller ikke motta svar på noen av våre bønner hvis det finnes en stor vegg med synder mellom oss og Gud. Så først og fremst må vi løse dette problemet, og så må vi motta den egentlige løsningen på den viktigste delen av frelse.

### Den virkelige meningen med frelse

I vårt samfunn blir ordet 'frelse' brukt på mange forskjellige måter. Når vi redder en druknende person eller hjelper noen med å gjenopprette seg etter en handels konkurs eller hjelper noen med en familie krise, sier vi noen ganger at vi har 'reddet' dem. Så hva sier Bibelen om det en kaller 'reddet'? Ifølge Bibelen er dette å løfte et menneske fra syndene. Det vil si å bringe dem innenfor grensene hvor Gud gjerne at de skal være, hvor de kan oppnå løsningen på syndens problemer og nyte en evig lykke i Himmelen. Så for å forklare dette på simple åndelige begrep, er Jesus Kristus inngangen til frelse, og Himmelen er husets frelse, eller Guds kongerike.

I Johannes 14:6 sier Jesus, "Jeg er veien, sannheten og livet; ingen kommer til Faderen utenom Meg." Frelse er derfor å komme til Himmelen gjennom Jesus Kristus.

Mange mennesker åpenbarer og legger trykk på hvor viktig det er å motta frelse. Så hvorfor trenger vi frelse? Det er fordi åndene våre er udødelige. Når mennesker dør vil ånden og sjelen deres skille seg fra kroppen deres, og de som mottok frelse går til Himmelen, og de som ikke mottok frelse gikk til Helvete. Himmelen er Guds kongerike hvor det finnes en evig lykke, og Helvete er et sted med evig smerte og lidelse, bestående av tjernets flamme og svovel (Åpenbaring 21:8).

Siden Himmelen og Helvete er steder som egentlig eksisterer, er det mennesker som har sett Himmelen og Helvete gjennom syn, og det finnes mange menneskers ånder som egentlig besøker disse stedene. Hvis noen tror at alle mennesker lyver, er de simpelthen bare stae. Siden Bibelen klart og tydelig forklarer både Himmelen og Helvete, må vi tro. I motsetning til andre bøker, inneholder Bibelen budskapet om frelse—ordene fra Gud Skaperen.

Bibelen skriver om menneskenes skapelse, og hvordan Gud hittil har gjort ting. Det forklarer klart og tydelig om hvordan menneskene har syndet, blitt fordervet og endte med en evig død, og hvordan Gud reddet oss. Det står skrevet om begivenheter fra fortiden, nuværende3, fremtiden, og Guds endelige dom ved tidens slutt.

Ja, det er viktig at vi lever fredfylt uten noen som helst problemer her i denne verden. Men i forhold til Himmelen, er livet vi lever her på jorden veldig kort, og midlertidig. Ti år kan virke som en lang tid, men når vi ser oss tilbake, kan det virke som om det var i går. Resten av vår tid her på jorden vil være det samme. Så selv om en person vil leve og arbeide hardt og oppnå mange ting, vil alt forsvinne når livet her på jorden tar slutt. Så hva betydning har det så?

Samme hvor mye vi har eller oppnår, kan vi ikke ta det med oss til den evige verden. Og selv om vi blir berømte og får makt, vil alt dette til slutt forsvinne og bli glemt når vi dør.

**Frelsens metode**

Apostlenes Gjerninger 4:12, "Og det er ikke frelse i noen annen; for det er heller ikke noe annet navn under himmelen, gitt blant mennesker, ved hvilket vi skal bli frelst." Bibelen forteller oss at Jesus Kristus er den eneste Frelseren som kan redde oss. Så hvorfor er frelse bare mulig gjennom Jesus Kristus navn? Dette er fordi problemet med synd må først bli løst. For å bedre kunne forstå dette, la oss gå tilbake til Adam og Evas tid, menneskenes begynnelse.

Etter skapelsen av Adam og Eva, ga Gud Adam makt og ære slik at han kunne styre over alle de skapte tingene. Og de levde i lang tid i overflod i Edens Have helt til de en dag falt inn i slangens onde plan og spiste frukten ifra treet med kunnskapen om det gode og det onde. Etter at han hadde vært ulydig overfor Gud ved å spise frukten som Gud hadde forbudt dem å spise, ble de syndige (Første Mosebok).

Romerne 5:12 sier, "Akkurat som en manns synd har kommet inn til denne verden, og døden gjennom synden, og døden har blitt spredd til alle mennesker, fordi alle har syndet." Synden har kommet inn til denne verden på grunn av Adam, og alle mennesker ble så syndige. Så døden ble så gitt til alle mennesker.

Gud reddet ikke simpelthen disse menneskene fra synd uten noen som helst betingelse. Romerne 5:18-19 sier, "Altså: likesom éns fall ble til fordømmelse for alle mennesker, således ble også éns rettferdige gjerning til livsens rettferdiggjørelse for alle mennesker; for likesom de mange er blitt syndere ved det ene menneskes ulydighet, så skal også de mange bli rettferdige ved den enes lydighet."

Dette betyr at akkurat som alle mennesker ble syndere på grunn av synden til den ene mannen Adam, kan alle mennesker også bli reddet gjennom en manns lydighet. Gud er herskeren for alle skapelser, men Han får alt til å skje i en riktig rekkefølge (1. Korinterne 14:40); Han forberedte derfor en mann som hadde alle kvalifikasjonene om å bli en Frelser—og dette var Jesus Kristus.

## Frelsens forsyn gjennom Jesus Kristus

Blant de åndelige lovene, finnes det en lov som sier, "syndens belønning er døden" (Romerne 6:23). På den annen side, finnes det også en lov som innløser en fra denne synden. Det som har et direkte forhold til denne åndelige loven er loven om innløsning av Israel. Denne loven tillater en person å selge land, men ikke permanent. Hvis en person solgte hans eiendom på grunn av økonomiske vanskeligheter, da kunne en av hans rike slektninger når som helst alltid kjøpe det tilbake for ham. Og hvis han ikke har noen rike slektninger som kan gjøre dette for ham, kan han alltid kjøpe det tilbake hvis eller når han igjen får penger (Tredje Mosebok 25:23-25).

Frelse fra synden virker på samme måte. Hvis noen er kvalifiserte nok til å redde sin bror fra synd, da kan han så gjøre det. Men samme hvem det er så må han betale for synden.

Men akkurat som det ble skrevet i 1. Korinterne 15:21, "For ettersom døden er kommet ved et menneske, så er og de dødes oppstandelse kommet ved et menneske," må den som redder oss ifra synden også være et menneske. Det er derfor Jesus kom hit til denne verden kjødelig—som et menneske som ble en synder.

En person som selv har en gjeld har ingen mulighet til å betale andres gjeld. På samme måte kan en syndig person ikke redde mennesker fra synden. En person vil ikke bare arve de fysiske egenskapene og de personlige egenskapene fra hans foreldre, men også deres syndige natur. Hvis vi kikker på et lite barn og vi ser at et annet lite barn sitter på hans mors fang, vil barnet føle seg dårlig til mote og prøve å dytte det andre barnet vekk ifra hans mors fang. Selv om ingen har lært ham om å gjøre dette, vil han helt naturlig vise sjalusi og misunnelse. Noen barn vil begynne å gråte helt ukontrollert når de blir sultne og de ikke blir matet. Dette er på grunn av den syndige egenskapen med sinne som de har arvet ifra deres foreldre. Disse typer syndige egenskaper som mennesker arver fra deres foreldre gjennom deres livskraft er kalt den 'opprinnelige synden'. Alle Adams etterkommere er født med denne opprinnelige synden; så ingen av dem kan derfor redde de andre fra syndene.

Men Jesus ble født gjennom befruktning fra den Hellige Ånd, så Han arvet ikke denne opprinnelige synden fra noen foreldre. Og mens Han vokste opp, adlød Han alle lovene; så Han begikk heller ingen synder. I det åndelige riket, er det makt å ikke ha noen synd på denne måten.

Jesus mottok lykkelig straffen med korsfestelse fordi Han hadde et slikt hjerte hvor Han ikke engang sparte sitt eget liv for å redde menneskene fra synden. For å kunne redde menneske fra Lovens fordømmelse, døde Han på tre korset (Galaterne 3:13) og mistet all sitt dyrebare blod som ikke var berørt av den opprinnelige synden eller selvgjort synd. Han betalte for alle menneskenes synder. For å kunne redde synderne, sparte Gud ikke engang livet til Hans eneste sønn som døde på korset. Det er en slik stor kjærlighet som Han ga til oss. Og Jesus viste sin kjærlighet for oss ved å gi Hans eget liv for å kunne bli fredsofringen mellom oss og Gud. Utenom Jesus er det ingen som har en slik kjærlighet, eller stor nok makt for å kunne redde oss fra syndene. Dette er grunnen til at vi bare kan motta frelse gjennom Jesus Kristus.

## 2. Kapittel

# Faderen, Sønnen, og den Hellige Ånd

*"Men talsmannen, den Hellige Ånd, som Faderen skal sende i mitt navn, han skal lære dere alle ting, og minne dere om alle ting som jeg har sagt dere."*
*(Johannes 14:26)*

Ta en titt på 1. Mosebok 1:26, hvor det står, "Da sa Gud, 'La oss skape et menneske i Vårt speilbilde...'" Her vil 'Oss' betegne den Treenige Gud--Faderen, Sønnen, og den Hellige Ånd. Selv hver og en av rollene til Faderen, Sønnen, og den Hellige Ånd er forskjellige når de skaper menneske og oppfyller frelsens forsyn, fordi de alle Tre er en fra opprinnelsen. De er kalt Gud den Treenige eller den Treenige Gud.

Dette er en veldig viktig lære fra den kristelige troen, og fordi det er det hemmelige budskapet angående opprinnelsen av Gud Skaperen, er det vanskelig å fullstendig forstå dette begrepet med menneskets begrensede logikk og kunnskap. Men for å kunne løse problemet med synden og motta en fullstendig frelse, trenger vi å ha en riktig kunnskap angående Treenigheten til Gud Faderen, Sønnen Gud, og Gud den Hellige Ånd. Bare når vi kan fullstendig forstå dette, kan vi fullstendig nyte velsignelse og myndighet med å være Guds barn.

### Hvem er Gud Faderen?

Gud er fremfor alt Skaperen av universet. 1. Mosebok 1. kapittel beskriver hvordan Gud skapte universet. Gud skapte himlene og jorden på seks dager fra ingen ting med Hans Ord. Så på den sjette dagen skapte Gud Adam, menneskenes far. Bare ved å se på orden og harmonien av alt i skapelsen, kan vi se at Gud lever, og at det bare finnes en Skaper Gud.

Gud er allvitende. Gud er perfekt og Han vet alt. Han forteller oss derfor om fremtidige begivenheter ved å profetere gjennom de mennesker som har et nære forhold med Ham (Amos 3:7). Gud er også allmektig og kan gjøre alt. Det er derfor Bibelen holder mangfoldige tegn og under som ikke kan bli fullført bare ved menneskets makt og evner.

Gud eksisterer også på egen hånd. I 2. Mosebok 3. kapittel finner vi scenen hvor Gud viser seg overfor Moses. Fra en brennende buske ber Gud ham om å bli en leder av Eksodus fra Egypt. På denne tiden forteller Han Moses, "JEG ER DEN JEG ER." Han forklarte en av Hans egenskaper, det vil si at Han eksisterer i kraft as seg selv. Dette betyr at ingen skapte, eller fødte Gud. Han eksisterte på egen hånd før tidens begynnelse.

Gud er også Bibelens forfatter. Men siden Gud Skaperen står mye høyere opp en menneske, er det vanskelig å fullstendig forklare hans tilstedeværelse fra menneskenes synspunkt. Dette er fordi Gud er en evig skapning; så med derfor begrenset innblikk, kan menneskene derfor ikke fullstendig vite alt om Ham.

I Bibelen kan vi se at Gud Faderen blir tilkalt på en annen måte, avhengig av situasjonen. I 2. Mosebok 6:3 står det, "Og Jeg viste Meg overfor Abraham, Isak, og Jakob, som Gud den Allmektige, men Jeg viste Meg ikke for dem gjennom Mitt navn, HERRE. Og i 2. Mosebok 15:3, står det skrevet, "HERREN er en kriger; HERRE er navnet Hans." Navnet 'HERRE' betyr ikke bare 'Han som eksisterer på egen hånd'; men det betyr også den eneste sannferdige Gud som styrer over alle nasjonene her i verden, og alt inne i dem.

Og betegnelsen 'Gud' er brukt med meningen om at He godtar hver eneste rase, land, eller individ; så dette navnet blir brukt for å vise Guds menneskelighet. Selv om navnet 'HERRE' er et bredere, mer offentlig navn for Guddom, 'Gud' er uttrykket for Guds menneskelighet som har et nære, åndelig forhold til hver eneste person. "Abrahams Gud, Isaks Gud, og Jakobs Gud" er et slikt eksempel.

Så hvorfor kaller vi en slik Gud 'Gud Faderen'? Det er fordi Gud ikke bare er direktøren for hele dette universet og den endelige Dommeren; men viktigst av alt er Han den høyeste direktøren over all planleggingen og utførelsen av menneskenes kultivering. Hvis vi tror på denne Gud, da kan vi kalle Ham 'Far', og erfare den utrolige makt og velsignelse med å være Hans barn.

## Gud Far: den høyeste direktøren for menneskenes kultivering

Gud Skaperen begynte med menneskenes kultivering for å kunne få sannferdige barn som Han kunne dele en sant og kjærlig forhold med. Men ettersom alle skapte ting har en begynnelse og en slutt, finnes det også en begynnelse og slutt for menneskenes verdslige liv.

Åpenbarelse 20:11-15 sier, "Og jeg så en stor hvit trone, og ham som satt på den; og for hans åsyn gikk jorden og himmelen bort, og det ble ikke funnet sted for dem.

Og jeg så de døde, små og store, stå for Gud, og bøker ble åpnet; og en annen bok ble åpnet, som er livsens bok; og de døde ble dømt etter det som var skrevet i bøkene, etter sine gjerninger.

Og havet ga tilbake de døde som var i det, og døden og dødsriket ga tilbake de døde som var i dem; og de ble dømt, enhver etter sine gjerninger. Og døden og dødsriket ble kastet i ildsjøen. Dette er den annen død: ildsjøen. Og hvis noen ikke fantes oppskrevet i livsens bok, da ble han kastet i ildsjøen."

Dette avsnittet er et eksempel på den Store Hvite Trone Dommen. Når menneskenes kultiverer tar slutt her på jorden, da vil Herren komme tilbake og ta med seg alle de troende. Da vil se troende som lever bli løftet opp i luften, hvor den Sju År Lange Bryllups Festen vil finne sted. Mens Bryllups Festen skjer oppe i Luften, vil det bli sju år med sterk motgang her på Jorden. Etter dette, vil Herren komme tilbake til Jorden og styre over den i en periode på tusen år. Og etter denne perioden, vil den Store Hvite Trone Dommen skje. På denne tiden vil Guds barn som har sine navn skrevet ned i livets bok komme til Himmelen, og de navn som ikke har blitt skrevet ned i denne boken bli dømt ifølge deres gjerninger og så havne i Helvete.

Når vi kikker i Bibelen, kan vi se at Gud elsket oss like mye helt ifra det øyeblikket hvor Han skapte oss og til nå. Selv etter at Adam og Eva hadde syndet og ble utvist av Edens Have, lot Gud oss kjenne Hans vilje, Hans forsyn, og de tingene som senere ville skje gjennom rettferdige mennesker som Noah, Abraham, Moses, David, og Daniel. Selv i dag er Guds makt og nærvær fremdeles tydelig i våre liv. Han arbeider gjennom de mennesker som virkelig erkjenner Ham, og elsker Ham.

Når vi kikker på det Gamle Testamentet, kan vi se dette fordi Gud elsker oss, Han lærer oss hvordan vi kan unngå synden og hvordan vi kan leve i rettferdigheten. Han forteller oss hva synd og rettferdighet er slik at vi kan unngå dom. Han forteller oss også at når vi tilber Ham, burde vi sette til side spesielle festiviteter og ofre oss for Ham slik at vi ikke glemmer den levende Gud. Vi kan se at Han velsignet de som trodde på Ham, og at Han ga de som syndet en sjanse til å vende seg vekk ifra deres synder--enten gjennom straff eller på andre måter. Han brukte også Hans profet til å avsløre Hans vilje, og til å lære oss å leve i sannheten.

Men mennesker adlød ikke, men fortsatte bare å synde. For å kunne løse dette problemet, sendte Han Frelseren, Jesus Kristus, Han som Han hadde forberedt fra før tidens begynnelse. Og det var Ham som åpnet veien til frelse slik at alle mennesker kunne bli frelst gjennom troen.

## Hvem er Sønnen, Jesus Kristus?

En person som har syndet kan ikke sone en annen persons synd, så de trengte en person som ikke hadde noen som helst synd. Det er på grunn av dette at Gud Selv måtte gjøre seg kjødelig og komme hit til denne verden—og dette var Jesus. Siden syndens belønning er døden, måtte Jesus bli henrettet på korset for å kunne sone for våre synder. Dette er fordi uten at en mister blodet, finnes det ingen tilgivelse for synd (3. Mosebok 17:11; Hebreerne 9:22).

Under Guds forsyn døde Jesus på et tre kors for å kunne redde menneskene fra lovens fordømmelse. Etter at menneskene hadde blitt reddet fra deres synder, stod Han opp ifra de døde den tredje dagen. Så alle som derfor sier at Jesus Kristus er deres Frelser blir tilgitt deres synder og vil motta frelse. Akkurat som Jesus, som ble den første frukt fra oppstandelsen, vil også vi oppstå og komme inn til Himmelen.

I Johannes 14:6 sier Jesus, "Jeg er veien, sannheten og livet; ingen kommer til Faderen utenom Meg." Jesus er veien fordi Han ble menneskenes vei til å komme inn til den Himmelen hvor Faderen oppholder seg; Han er sannheten fordi Han er Guds Ord som har blitt kjøttet og som kom hit til denne verden; og Han er også livet fordi det er bare gjennom Ham at menneskene mottar frelse og et evig liv.

Jesus adlød Loven fullstendig mens Han oppholdt seg her på denne jorden. Ifølge loven i Israel, ble Han omskåret da Han var åtte dager gammel. Han bodde sammen med Hans foreldre til Han var 30 år gammel og oppfylte alle Hans plikter. Jesus hadde ikke den opprinnelige synden og syndet heller ikke selv. Dette står derfor skrevet om Jesus i 1. Peters brev 2:22, "...Han syndet ikke, og det fantes heller ikke noe falskt i Ham."

Etter kort tid, ifølge Guds vilje, begynte Jesus å faste i 40 dager før Han begynte å fullføre Hans prestetjeneste. Han fortalte mange mennesker om den levende Gud og evangeliet i himmelens kongerike, og Han viste Guds makt til alle. Han viste dem klart og tydelig at Gud er den sannferdige gud, og at Han er den mektige herskeren over livet og døden.

Grunnen til at Jesus kom hit til denne verden var for å fortelle alle mennesker om Gud Faderen, for å ødelegge fiende djevelen, og for å redde oss ifra synden og føre oss til det evige livet. Så i Johannes 4:34 sa Jesus, "Min føde er det å holde viljen til Han som sendte Meg og fullføre Hans arbeide."

### Jesus Kristus Frelseren

Jesus Kristus er ikke bare en av de fire største filosofene her i denne verden. Han er Frelseren som åpnet veien til frelse for alle mennesker. Han kan derfor ikke bli plassert på samme nivået som mennesker, som bare er skapelsene. Hvis du kikker på Filipensene 2:6-11, står det, "...han som, da han var i Guds skikkelse, ikke så det for et rov å være Gud lik, men av sig selv gav avkall på det og tok en tjeners skikkelse på sig, idet han kom i menneskers lignelse. Og da han i sin ferd var funnet som et menneske, fornedret Han seg selv, så Han ble lydig inntil døden, ja korsets død. Derfor har også Gud høyt opphøyet Ham og gitt Ham det navn som er over alt navn, slik at hvert kne skal bøye seg i Jesu navn, deres som er i himmelen og på jorden og under jorden, og hver tunge bekjenne at Jesus Kristus er Herre, til Gud

Faders ære.

Siden Jesus adlød Gud og ofret seg selv ifølge Guds vilje, løftet Gud Ham opp til det høyeste stedet på Hans høyre side, og ga Ham navnet kongenes Konge og herrenes Herre.

### Hvem er den Hellige Ånd, Tjeneren?

Når Jesus var her i denne verden, måtte Han arbeide innenfor tidens og stedets grenser fordi Han hadde tatt på seg menneskekroppen. Han spredde evangeliet i området Judea, Samaria, og Galilea, men Han kunne ikke spre evangeliet til de mer fjerne områdene. Men etter at Jesus hadde oppstått og dratt opp til Himmelen, sendte Han oss den Hellige Ånd, Tjeneren, som ville komme til alle mennesker og vise dem tiden og stedets grenser.

Definisjonen av en "tjener" er: 'en profet som forsvarer, overbeviser, eller hjelper hverandre med å innse hva en gjør feil;' 'en rådgiver som støtter dem og oppmuntrer hverandre'.

Å være hellig og ett med Gud, viser at den Hellige Ånd til og med kjenner til Guds hjerte (1. Korinterne 2:10). Akkurat som en synder ikke kan se Gud, kan heller ikke den Hellige Ånd oppholde seg inne i en synder. Så før Jesus kunne frelse oss ved å dø på korset og miste alt Hans blod for oss, kunne ikke den Hellige Ånd komme inn i våre hjerter.

Men etter at Jesus døde og så oppstod, ble problemet med synden løst og alle som åpnet deres hjerte og aksepterte Jesus Kristus kunne motta den Hellige Ånd. Når en blir rettferdiggjort gjennom troen, da gir Gud dem den Hellige Ånd i gave slik at den Hellige Ånd så kan oppholde seg i hans eller hennes hjerte. Den hellige Ånd leder oss og gir oss råd, og gjennom Ham kan vi kommunisere med Gud.

Så hvorfor gir Gud Hans barn den Hellige Ånd i gave? Dette er fordi vi ikke kan komme til sannheten, eller oppholde oss i sannheten, hvis den Hellige Ånd ikke kommer til oss og vekker opp vår ånd. Når vi tror på Jesus Kristus og mottar den Hellige Ånd, da vil den Hellige Ånd komme inn til våre hjerter og lære oss om Guds lover, som er selve sannheten, slik at vi kan leve ifølge disse lovene og oppholde oss i sannheten.

### Arbeidet fra den Hellige Ånd, Tjeneren

Det viktigste arbeide fra den Hellige Ånd er for oss å bli født på ny. Når vi blir født på ny, innser vi Guds lov og vil prøve å holde oss til dem. Det er på grunn av dette Jesus sa, "Med mindre en er født ifra vannet og Ånden, kan han ikke komme inn til Guds kongerike. Den som blir født gjennom kjøttet er selve kjøttet, og det som er født gjennom Ånden er selve ånden" (Johannes 3:5-6). Så med mindre vi blir født på ny gjennom vannet og den Hellige Ånd, kan vi ikke motta frelse.

Her vil vannet referere til det levende vannet—Guds Ord. Vi må bli fullstendig renset og forvandlet av Guds Ord, og sannheten. Så hva betyr det å bli født på ny gjennom den Hellige Ånd? Når vi aksepterer Jesus Kristus, gir Gud oss den Hellige Ånd i gave og anerkjenner oss som Hans barn (Apostlenes Gjerninger 2:38). Guds barn som mottar den Hellige Ånd hører på sannhetens Ord og lærer å skille mellom det gode og det onde.

Og når de helhjertet ber, vil Gud gi dem nåde og styrke for å kunne leve etter Hans Ord. Det er dette som er det å bli født på ny gjennom den Hellige Ånd. Og avhengig av hvordan Ånden føder hvert individs ånd, vil han eller henne bli forvandlet gjennom sannheten. Og avhengig av hvor mye individet blir endret gjennom sannheten, vil dette vise hvor mye han kan motta den åndelige troen fra Gud.

For det andre vil den Hellige Ånden hjelpe vår svakhet og be for oss gjennom grynting som går mye dypere enn ord, slik at vi kan be (Romerne 8:26). Han vil også avbryte oss for å gi oss et bedre kar. Og akkurat som Jesus sa, "Men Tjeneren, den Hellige Ånd, som Faderen vil sende deg i Mitt navn, Han vil lære deg alle ting, og få deg til å huske på alt det Jeg har sagt til deg" (Johannes 14:26), den Hellige Ånd vil føre oss inn i sannheten og lære oss om fremtidens begivenheter (Johannes 16:13).

Når vi også adlyder den Hellige Ånds ønsker, vil Han la oss bære frukter og motta den åndelige gave. Så hvis vi mottar den Hellige Ånd og oppfører oss ifølge sannheten, vil Han arbeide for oss slik at vi kan godte frukten med kjærlighet, lykke, fred, tålmodighet, snillhet, godhet, trofasthet, ydmykhet, og selvbeherskelse (Galaterne 5:22-23). Og ikke bare det, men Han vil også gi oss gaver som er fordelaktige for oss i vårt åndelige liv som troende, som for eksempel ord som kunnskap, visdom, tro, helbredelse, mirakler, åpenbarelse, åndens egenskap, forskjellige slags tunger, og tolking av tunger (1. Korinterne 12:7-10).

Ånden prater også til oss (Apostlenes gjerninger 10:19), gir oss befalinger (Apostlenes gjerninger 8:29), og vil også til tider nekte oss å gjøre ting hvis det setter seg opp imot Guds vilje (Apostlenes gjerninger 16:6).

### Gud den Treenige oppfyller frelsens forsyn

Så Faderen, Sønnen, og den Hellige Ånd var alle den opprinnelige og et. I begynnelse, denne ene Gud, eksisterte som Lyset med den innvendige kimende stemmen, og hersket over hele universet (Johannes 1:1; 1. Johannes 1:5). Så på et visste tidspunkt, for å kunne få sannferdige barn som Han kunne dele sin kjærlighet med, begynte Han å planlegge forsynet for menneskenes kultivering. Han delte opp det ene stedet hvor Han opprinnelig bodde opp i mange steder, og begynte å eksistere som den Treenige Gud.

Guds Sønn, Jesus Kristus kom ifra den Opprinnelige Gud (Apostlenes gjerninger 13:33; Hebreerne 5:5), og Gud den Hellige Ånd kom også ifra den Opprinnelige Gud (Johannes 15:26; Galaterne 4:6). Den Treenige Gud, Gud faderen, Gud Sønnen, og Gud den Hellige Ånd har derfor fullført forsynet om menneskenes frelse, og vil fortsette med å sammen fullføre det helt til den Store Hvite Trone Dommedagen.

Når Jesus ble hengt på korset, led Han ikke alene. Gud Faderen og den Hellige Ånd erfarte også smertene. Og idet den Hellige Ånd oppfyller Hans prestetjeneste ved å sørge og be for sjelene her på jorden, vil også Gud Faderen og Herren arbeide sammen med Ham.

I 1. Johannes 5:7-8 står det, "For det finnes tre som vitner: Ånden og vannet og blodet; og de tre er enige med hverandre."

Vannet vil åndelig symbolisere prestetjenesten gjennom Guds Ord, og blodet vil åndelig symbolisere Herrens prestetjeneste og når Han tapte alt Hans blod på korset. Ved å arbeide sammen i Deres prestetjeneste, den Treenige Gud gir vitne til frelse til alle de troende.

Matteus 28:19 sier også, "Gå derfor å gjør disipler av alle nasjoner, døp dem i Faderen, Sønnen og den Hellige Ånds navn." Og 2. Korinterne 13:14 sier, "Må Herren Jesus Kristus nåde, Guds kjærlighet, og sammenholde fra den Hellige Ånd være med dere alle." Vi kan her se at mennesker blir døpt og velsignet i navnet Gud den Treenige.

Fordi Gud Faderen, Gud Sønnen, og Gud den Hellige Ånd er opprinnelig en og den samme i natur, hjerte, og med et sinn, vil hver av rollene Deres i menneskenes kultivering bli atskilt på en velordnet måte. Gud skiller klart og tydelig mellom det Gamle Testamentets periode, hvor selve Gud Faderen ledet Hans folk; det Nye Testamentets periode, hvor Jesus kom inn til denne verden for å bli menneskenes Frelser; og den senere perioden med nåde hvor den Hellige Ånd, Tjeneren, holder Hans prestetjeneste. Gud Treenigheten har henholdsvis fullført Hans vilje i hver av disse periodene.

Apostlenes gjerninger 2:38 sier, "Hvis du angrer, skal hver og en av dere bli døpt i Jesus Kristus navn for tilgivelse av dine synder; og du vil motta den Hellige Ånd i gave." Og akkurat som det ble skrevet i 2. Korinterne 1:22, "Hvem [Gud] forseglet oss og satte Ånden i vårt hjerte som et løfte," hvis vi aksepterer Jesus Kristus og mottar den Hellige Ånd, mottar vi ikke bare rettigheten til å bli Guds barn (Johannes 1:12), men vi kan også motta den Hellige Ånds ledelse for å kaste bort synden og så leve i Lyset. Når vår sjel blomstrer, da vil alle ting blomstre, og vi vil motta velsignelsene med både den åndelige og den fysiske helsen. Og så fort vi kommer til Himmelen, kan vi også nyte det evige livet!

Hvis Gud Faderen eksisterte alene, kunne vi ikke fullstendig motta frelse. Vi trenger Jesus Kristus fordi vi kan bare komme inn til Guds kongerike etter at vi har vasket vekk våre synder. Og hvis vi kaster bort våre synder og så søker etter Guds speilbilde, trenger vi hjelp ifra den Hellige Ånd. På grunn av at Gud den Treenige—Faderen, Sønnen, og den Hellige Ånd—hjelper oss, kan vi motta en fullstendig frelse og lovprise Gud.

# Ordliste

## Det kjødelige og dens arbeide

Betegnelsen 'kjøtt' fra et åndelig synspunkt er en generell betegnelse som refererer til usannheten i vårt hjerte som viser seg gjennom handlinger. For eksempel hat, misunnelse, utroskap, stolthet, og liknende som viser seg gjennom spesielle handlinger som vold, misbruk, mord, osv., blir alle sammen kalt "kjøttets arbeide".

## Kjøttets begjær, øyets lyst, livets skrytende stolthet

"Kjøttets begjær" refererer til naturen som får mennesker til å synde fordi de følger kjøttets begjær. Disse tendensene inkluderer hat, stolthet, sinne, lathet, utroskap, osv. Når disse syndige egenskapene møter et visst miljø som provoserer dem, da vil kjøttets begjær komme ut. Hvis for eksempel noen har en syndig egenskap hvor de 'dømmer og fordømmer' andre, da vil han eller henne like å høre på rykter og like sladring.

"Øyets begjær" refererer til den syndige egenskapen som får et menneske til å lyste etter de kjødelige tingene når hjertet blir provosert gjennom deres synlige og hørlige sanser. Deres øynes begjær er stimulert idet vi ser og hører ting fra denne verden. Hvis disse tingene ikke blir kastet bort, men hvis vi fortsetter med å motta dem, da blir det kjødelige begjæret provosert, og vi vil synde.

"Livets skrytende stolthet" refererer til menneskets syndige egenskap som får ham til å vise seg ved å skryte av seg selv mens han følger denne verdens velbehag. Hvis en person har en slik syndig natur, vil han hele tiden streve om å få mer og mer ting her i denne verden for å kunne vise seg.

## 3. Kapittel

# Det Kjødelige Arbeide

*"Men kjøttets gjerninger er åpenbare, såsom: utukt, urenhet, skamløshet, avgudsdyrkelse, trolldom, fiendskap, kiv, avind, vrede, stridigheter, tvedrakt, partier, misunnelse, mord, drikk, svir og annet slikt; om dette sier jeg dere forut, likesom jeg og forut har sagt, at de som gjør sådan, skal ikke arve Guds rike."*
*(Galaterne 5:19-21, NKJV)*

Selv de kristne som har vært troende i lang tid kan være ukjent med benevnelsen "kjøttets arbeide". Dette er fordi mange kirker ikke lærer mennesker helt riktig om synden. Men like klart og tydelig som det står skrevet i Matteus 7:21, "Ikke alle de som sier til Meg, 'Herre, Herre,' vil komme in til himmelens kongerike, men han som holder seg til Min Fars vilje, Han som oppholder seg i himmelen, vil," trenger vi å vite helt nøyaktig hva Guds vilje er, og vi må ha kunnskap til den synden som Gud hater.

Gud kaller ikke bare de synlige gale oppførslene "synder", men Han ser også på hat, misunnelse, sjalusi, dømming og/

eller fordømmelse av andre, følelsesløshet, et lyvende hjerte, osv. som synd. Ifølge Bibelen blir, "Alt som ikke kommer ifra troen" (Romerne 14:23), vite hva som en burde gjøre, men ikke gjøre det (Jakob 4:17), ikke gjøre det gode som jeg gjerne vil dere skal gjøre, men i stedet praktisere ondskapen som jeg ikke vil dere skal gjøre (Romerne 7:19-20), kjødelige gjerninger (Galaterne 5:19-21), og de kjødelige tingene (Romerne 8:5) alle kalt "synder".

Alle disse slags synder vil opprette en vegg mellom oss og Gud, som det står skrevet i Esaias 59:1-3, "Se, HERRENs hånd er ikke så kort at den ikke kan redde; og Hans øre er ikke så svakt at det ikke kan høre. Men dine ondskaper har laget et skille mellom deg og din Gud, og dine synder har fått Hans ansikt til å gjemme seg for deg slik at Han ikke kan høre. For deres hender er flekket av blod, og deres fingrer av misgjerning; deres lepper taler løgn, deres tunge taler urett."

Så hvilken spesiell syndig vegg står mellom oss og Gud?

### De kjødelige tingene og arbeidet fra det kjødelige

Når en normalt refererer til menneskekroppen, blir ordene "kropp" og "kjøtt" brukt om hverandre. Men den åndelige betydningen av ordet "kjøtt" er annerledes. Galaterne 5:24 sier, "De som tilhører Jesus Kristus har nå knust kjøttet med dens lidenskap og begjær." Dette betyr ikke nå at vi virkelig har knust våre kropper.

Vi må kjenne den åndelige meningen av ordet "kjøtt" for å kunne forstå meningen av verset ovenfor. Ikke all bruken av ordet "kjøtt" har en åndelig mening. Noen ganger vil de simpelthen bare referere til menneske kroppen. Derfor må vi kjenne til denne betegnelsen mye klarere, slik at vi kan se når ordet blir og ikke blir brukt med den åndelige konnotasjonen.

Opprinnelig ble mennesket skapt med en ånd, en sjel, og en kropp, og uten synd. Men etter at menneske var ulydige overfor Guds Ord, ble de syndige. Og siden syndens belønning er døden (Romerne 6:23), døde synden som er menneskets herre. Og menneskekroppen ble en nytteløs ting, som ettersom tiden gikk, til slutt ble utslitt, råtnet, og ble til en håndfull med støv. Mennesker holder synden inne i kroppen deres, og vil derfor gjennom deres handlinger begå synder. Det er her ordet "kjøtt" kommer fra.

"Kjøtt" som en åndelig benevnelse, representerer kombinasjonen av syndige egenskaper og menneskekroppen hvor sannheten lekker ut fra. Så når Bibelen refererer til "kjøttet", vil dette bety synden som ikke ennå har blitt til oppførsel, men som kunne vise seg når som helst. Dette inkluderer syndige tanker, og alle andre synder inne fra kroppen vår. Og alle disse syndene blir kalt "kjøttets ting" når de blir beskrevet samtidig.

Hat, stolthet, sinne, dom, fordømmelse, utroskap, grådighet, osv. blir alle med andre ord kalt "kjødelige", og hver av disse syndene blir hver og en kalt "kjøttets ting". Så lenge disse kjødelige tingene oppholder seg i ens hjerte, kan de under de riktige omstendigheter vise seg når som helst som syndige handlinger. Hvis det for eksempel finnes bedragersk natur ens hjerte, vil dette kanskje ikke være så åpenbart under normale omstendigheter, men hvis en blir presset inn til en ugunstig, eller pressende situasjon, vil han eller henne kanskje lyve til en annen person gjennom usanne ord eller handlinger.

Synder som viser seg åpenlyst som dette blir også kalt "kjødelige", men hver av syndene som blir utført i handling blir kalt "kjøttets arbeide". Hvis du fir eksempel gjerne vil slå et menneske, er dette et 'ondt ønske', og vil bli sett på som "kjøttets ting". Og hvis du virkelig slår personen, da blir det sett på som "kjøttets arbeide".

Hvis vi tar en titt på 1. Mosebok 6:3, står det, "Da sa HERREN, 'Min Ånd skal ikke være hos menneske i all evighet, fordi han er også kjødelig.'" Gud slår fast at Han ikke lenger vil holde seg i all evighet til menneskene, fordi de hadde blitt kjødelige. Betyr så dette at Gud ikke lenger er her hos oss? Nei, det gjør det ikke. Siden vi har akseptert Jesus Kristus, mottatt den Hellige Ånd, og blitt født på ny som Guds barn, er vi ikke lenger kjødelige mennesker.

Hvis vi lever ifølge Guds Ord og følger ledelsen av den Hellige Ånd, da vil Ånden føde ånden, og vi vil bli transformert til åndelige mennesker. Gud, som er ånden, oppholder seg sammen med de som transformerer seg hver eneste dag til åndelige mennesker. Men Gud holder seg ikke sammen med de mennesker som sier at de tror, men bare fortsetter med å synde og gjøre kjødelig arbeid. Bibelen peker om og om igjen ut, hvordan slike mennesker ikke kan oppnå frelse (Salmenes Bok 92:7; Matteus 7:21; Romerne 6:23).

### Det kjødelige arbeide som gjør at mennesker ikke kan arve Guds kongerike

Hvis vi innser etter at vi har oppholdt oss midt i synden at vi er syndere og vi vil akseptere Jesus Kristus, da vil vi prøve å ikke begå kjøttets arbeide som tilsynelatende viser seg som 'synd'. Ja, Gud er ikke tilfreds med de 'kjødelige tingene', men det er 'kjøttets arbeide' som egentlig kan holde oss vekk ifra arving av Guds kongerike. Vi må derfor prøve hardere å aldri mer begå kjødelig arbeide. 1. Johannes 3:4 sier, "Alle som er syndige vil også gjøre ulovlige ting; og synd er ulovlig." "Alle som her praktiserer synd" er alle de som begår kjødelig arbeide. Urettferdighet er også ulovlighet; så hvis du derfor er urettferdig, selv om du sier at du er en troende, advarer Bibelen om at du da ikke kan motta frelse.

1. Korinterne 6:9-10 sier, "Eller vet dere ikke at de som gjør urett, ikke skal arve Guds rike? Far ikke vill! Hverken horkarler eller avgudsdyrkere eller ekteskapsbrytere eller bløtaktige eller de som synder mot naturen, eller tyver eller havesyke eller drankere eller baktalere eller røvere skal arve Guds rike."

Matteus 13 kapittel forklarer klart og tydelig hva som vil skje med slike mennesker når tidens slutt kommer: "Menneskesønnen skal utsende sine engler, og de skal sanke ut av hans rike alt det som volder anstøt, og dem som gjør urett, og de skal kaste dem i ildovnen; der skal være gråt og tenners gnissel" (v. 41-42). Hvorfor ville dette skje? Dette skjedde fordi istedenfor å kaste bort deres synder, levde disse menneskene et liv hvor de kompromitterte med usannheten som fantes her i verden. Så i Guds øyne, er de ikke 'hvete', men 'agn'.

Så det er veldig viktig at vi først finner ut hva slags syndig vegg vi har bygget opp mellom Gud og oss, og vi må bryte ned denne veggen. Bare etter at vi løser dette syndige problemet vil Gud anerkjenne oss for at vi har tro, og vi kan vokse og modne til 'hvete'. Og det er på dette tidspunktet vi mottar svar på våre bønner, og erfarer helbredelse og velsignelser.

## Bevis på det kjødelige arbeide

Siden det kjødelige arbeide viser seg gjennom handlinger, kan vi klart og tydelig se det fordervete og korrupte speilbilde av synden deres. Det mest innlysende kjødelige arbeide er umoral, urenhet og sensualitet. Disse syndene er seksuelle synder, og mennesker som begår slike synder kan ikke motta frelse. Så alle som disse syndene gjelder må hurtig angre og omvende seg.

### 1) Umoral, urenhet, seksualitet

'Umoral' vil her først referere til seksuell umoral. Dette skjer når en ugift mann og en kvinne har et fysisk forhold med hverandre. Det har i dag blitt veldig vanlig for folk å ha et seksuelt forhold før ekteskap på grunn av at vårt samfunn er så fylt av synd. Men selv om to mennesker skal gifte seg, og de elsker hverandre, er dette fremdeles sett på som å leve i usannheten. Men folk nå for tiden vil ikke engang skamme seg. De ser ikke engang på slike handlinger som syndig. Dette er fordi vårt samfunn i dag gjør slike ulovlige forhold og affærer til 'vakre kjærlighets fortellinger' gjennom filmer og skuespill. Når mennesker blir involverte i slike skuespill og filmer, vil deres sanser for diskresjon om synd bli uklart, og litt om litt vil mennesker bli fullstendig følelsesløse overfor synd.

Seksuell umoral er ikke engang akseptert fra et etisk eller moralsk synspunkt. Så hvor mye mer uakseptabelt ville det ikke bli i den hellige Guds øyne? Hvis to mennesker virkelig elsker hverandre, burde de først, gjennom ekteskap motta kunnskap ifra Gud, fra deres foreldre og slektninger, og så forlate deres foreldre og bli til ett kjødelig.

For det andre er seksuell umoral når en gift mann eller en kvinne ikke holder deres ekteskaps ed hellig. Dette er når en mann eller en kvinne hengir seg i et forhold utenfor deres ekteskap. Men utenom utroskapen som foregår i et forhold mellom mennesker, finnes det også en åndelig utroskap som folk ofte begår. Dette gjelder når folk kaller seg selv troende, men de fremdeles tilber idoler eller tar råd ifra en spåkone eller en trollmann, eller er avhengig av sort magi eller ond fortryllelse. Dette er hvor en tilber onde ånder og demoner.

Hvis du kikker på 4. Mosebok 25. kapittel, begikk ikke israelittene umoral med kvinnen fra Mohab, men de bøyde seg også ned for gudene deres mens de oppholdt seg i Shittim. På grunn av dette var Gud rasende på dem, og 24,000 mennesker døde av en pest bare på en dag. Så når noen derfor sier at de tror på Gud, og så er avhengig av idoler og demoner, er dette en handling med åndelig utroskap, og det vil si at en bedrar Gud.

'Urenhet' er det neste, og er når en syndig natur går altfor langt og blir skitten. Et eksempel på når et utroskapelig hjerte går for langt er når en raner voldtar både en mor og en datter samtidig. Når sjalusi går for langt, kan også dette bli 'urenhet'. Hvis for eksempel en person blir så sjalu på en annen person at han tegner et bilde av denne personen og begynner å kaste piler på bilde, eller prikker bilde med nåler, vil slik unormal oppførsel vise seg på grunn av sjalusi, og disse handlingene er 'urene'.

Før en tror på Gud vil han eller henne kanskje ha syndige

egenskaper som hat, sjalusi, eller utroskap. På grunn av Adams opprinnelige synd, er hvert eneste menneske født med usannheten, som er røttene av hver eneste menneskes egenskap. Når disse syndige egenskapene inne i menneske krysser en viss grense og går utenom de moralske og etiske grenser og forårsaker skade og smerte til en annen person, kan vi si at dette er 'urent'.

'Sensualitet' er det å søke etter lidenskap gjennom sensuelle ting, som seksuelle begjær eller fantasier, og begå all slags uanstendige handlinger mens en følger disse begjærene. 'Sensualitet' er forskjellig fra 'utroskap' hvor en person lever meste parten av deres daglige liv med bedagelige tanker, ord, og handlinger. Det å for eksempel ha samleie med et dyr, eller ha homoseksuelle forhold – en kvinne som er uanstendig med en annen kvinne, eller en mann med en annen mann – eller bruk av sexleketøy, osv. er alle onde handlinger som faller under 'sensualitet'.

I dagens samfunn sier mennesker at homoseksuelle mennesker burde bli respektert. Men dette setter seg opp imot Gud og all fornuft (Romerne 1:26-27). Menn som også ser på seg selv som en kvinne, eller kvinner som tenker på seg selv som menn, eller transseksuelle, blir ikke akseptert av Gud (5. Mosebok 22:5). Dette setter seg opp imot Guds skapelses ordning.

Når samfunnet begynner å bli korrupt på grunn av synd, er menneskenes moral og etiketter angående sex det første som kommer i uorden. Historisk sett, når et samfunns sex kultur ble korrupt, ble det fulgt av Guds dom. Sodoma og Gomorra og Pompeii er veldig gode eksempler på dette. Når vi ser hvordan vårt samfunns sex kultur kommer i uorden over hele verden - til det punkt hvor det ikke lenger kan bli restaurert – da vil vi vite at

Dommedagen er like rundt hjørnet.

## 2) Utroskap, trolldom, og fiendtligskap

'Idoler' kan bli delt opp i to vesentlige kategorier. Den første er å skape et speilbilde av en gud som ikke har noen som helst form ved å formere en fysisk form for den, eller lage et slags speilbilde og gjøre det til en ting en ber til. Mennesker vil gjerne ha ting som de kan se med deres egne øyne, røre med deres egne hender, og føle det gjennom huden. Det er derfor mennesker bruker tre, steiner, stål, gull, eller sølv for å skape speilbilder av mennesker, dyr, fugler, eller fisk som de kan tilbe. Eller de gir et navn som solen, månen, og stjernenes gud og tilber så det (5. Mosebok 4:16-19). Dette er kalt 'idoltilbeding'.

I 2. Mosebok 32. kapittel, kan vi se at når Moses dro opp til Sinai fjellet for å motta Loven og ikke kom rett tilbake, laget israelerne en gull kalv og tilba den. Selv om de hadde sett mangfoldige tegn og under, ville de fremdeles ikke tro, og de begynte til slutt å tilbe et idol. Når Gud så dette ble Han sint på dem, og Han sa så at Han ville ødelegge dem. Men på den tiden ble livene deres spart på grunn av Moses iherdige bønner. Men på grunn av denne begivenheten, kunne de som var over tjue år gamle ved Eksodus ikke komme inn i landet Kanaan, og de døde så i ørkenen. Fra dette kan vi virkelig se hvor mye Gud hater skapelsen av idoler, knele seg ned for dem, og tilbe dem.

Og for det andre vil det også være et idol hvis vi elsker det mer enn Gud. Kolossene 3:5-6 sier, " Så død da deres jordiske lemmer: utukt, urenhet, brynde, ond lyst og havesyke, som jo er avgudsdyrkelse; For disse ting kommer Guds vrede over vantroens barn."

Hvis noen for eksempel har et grådig hjerte, da vil han kanskje elske materialistiske ting mer enn Gud, og for å kunne tjene mer penger vil han kanskje ikke holde Guds Dag hellig. Og hvis en person prøver å tilfredsstille ens grådighet ved å elske andre mennesker eller ting mer enn selve Gud—om for eksempel ens ektemake, barn, berømmelse, makt, kunnskap, underholdning, TV, sport, hobbyer, eller stevnemøte—og ikke liker å be og leve et iherdig åndelig liv, er også dette en form for idoltilbeding. Folk vil spørre oss, "Så vil Gud bare at vi skal tilbe Ham og elske Ham?" siden Han ba oss om ikke å tilbe idoler. De vil tro at Gud er egoistisk fordi de har misforstått. Gud ba oss ikke om å elske Ham først for å kunne bli en diktator. Han gjorde dette for å lede oss slik at vi kunne leve liv som var verdige for mennesker. Hvis en person elsker og tilber andre ting mer enn Gud, kan han ikke oppfylle hans forpliktelser som et menneske, og han kan heller ikke kaste vekk synd fra hans liv.

Ordboken vil etter dette beskrive 'trolldom' som "bruken eller trylleord fra en person som anvender overjordisk makt eller fortryllelse gjennom hjelpen av onde ånder; sort magi; heksekunst." Å få råd ifra sjamaner, psykiatere, og liknende, vil alle falle inn i denne kategorien. Noen mennesker går for å se sjaman eller en psykisk person for å spørre dem om barnet deres som er like ved å ta en eksamen for å komme inn til college, eller for å finne ut om deres forlovede er den rette personen for dem. Eller hvis noen problemer oppstår i husholdningen deres, vil de kanskje prøve å få tak i en sjarm eller en amulett for lykke. Men Guds barn burde aldri gjøre slike ting, fordi disse ting vil bringe onde ånder inn i livet deres og større prøvelser vil også oppstå.

'Fortryllelse' og 'magi' blir brukt for å bedra andre, som det å bruke onde planer for å bedra noen, eller få dem til å falle inn i en felle. Fra et spirituelt synspunkt, 'trolldom' er handlingen med å narre en annen person gjennom utspekulert bedrageri. Det er derfor mørket i dag hersker over alt i vårt samfunn.

'Fiendskap' er en følelse hvor en avskyr eller er fiendtlig overfor noen og har ønske om at de til slutt vil bli ruinert. Hvis du forsiktig studerer hjerte til mennesker som har fiendtlige følelser for en person, kan du se at de egentlig holder seg vekk eller hater denne andre personen enten fordi de ikke liker dem, eller på grunn av deres egne onde følelser. Så når disse onde følelser kommer forbi en viss grense, kan deres handlinger eksplodere og de kan skade andre mennesker; som det å for eksempel baktale dem, sladre eller ærekrenke dem, og alle slags andre onde gjerninger.

I Samuel 16. kapittel, kan vi se at så snart HERRENs ånd forlot Saulus, kom de onde åndene for å plage ham. Men når David spilte på sin harpe, da ble Saulus ny og frisk, og de onde åndene forlot ham. David drepte også den palestinske kjempen, Goliat, med en slynge og en stein og reddet landet Israel fra en krise, og satte sitt eget liv på spill for å være trofast overfor Saulus. Men Saulus var redd for at hans rike ville bli tatt av David, og han brukte derfor mange år med å jakte på David for å drepe ham. Til slutt forlot Gud Saulus. Gud ber oss om å til og med elske våre fiender. Vi burde derfor aldri være fiendtlige overfor noen.

3) Strid, sjalusi, sinne utbrudd

'Strid' skjer når mennesker setter deres egne personlige mål og makt som en prioritet over andres og så kjemper hardt for det. Krangel begynner vanligvis på grunn av grådighet og forårsaker konflikter som leder til strid mellom nasjonenes ledere, politiske parti medlemmer, familie medlemmer, folk i kirken, og alle andre forhold mellom mennesker.

I den koreanske historien har vi et eksempel på en strid mellom de nasjonale lederne. Dae Won Goon, faren til den siste keiseren i Chosun Dynastiet og hans datter-datter Keiserinne Myong Sung kranglet over deres politiske makt med de forskjellige utenlandske maktene som støttet her av dem. Dette varte i mer enn ti år. Dette førte til kaos i landet, som også førte til et militærisk opprør og til og med bøndenes revolusjon. Mange politiske ledere ble drept på grunn av dette, og Keiserinnen Myong Sung ble også drept av japanske attentatmenn. Og på grunn av denne striden mellom de høyeste nasjonale lederne, mistet Korea deres suverenitet til Japan.

Strid kan også skje mellom mann og kvinne, eller et barn og deres foreldre. Hvis begge ektefellene gjerne vil at den andre skal oppholde deres ønsker, kan dette forårsake strid og til og med lede til separasjon. Det finnes til og med tilfeller hvor ektefeller ansøker hverandre og blir uvenner for resten av livet. Hvis det finnes strid i kirken, da vil Satans arbeide begynne og vil hindre kirken i å vokse, og vil hindre de forskjellig avdelinger i kirken med å fungere ordentlig.

Idet vi leser gjennom Bibelen, vil vi til tider se scener hvor det finnes konflikter og strid. I 2. Samuel 18:7, kan vi se at

Davids sønn, Absalom, førte strid imot David, og at tjue tusen mennesker ble drept, alle på en dag. Og etter Solomons død, delte Israel seg inn i det nordlige kongerike i Israel og det sørlige kongerike i Judea, men striden mellom dem fortsatte fremdeles lenge etter dette. Tronen var spesielt i det nordlige rike i Israel hele tiden truet av krangel. Så siden du nå vet at krangel vil føre til smerte og ødeleggelse, håper jeg at du alltid vil søke etter andres gagn og være fredelig.

'Sjalusi' er når en person holder seg vekk ifra andre individer og hater dem fordi han hadde blitt misunnelig på dem og tror at de er bedre enn ham. Når sjalusien vokser, kan den bli til sinne fylt med ondskap. Dette vil kanskje føre til strid som vil føre til krangel.

Hvis du refererer til Bibelen kan du se at Jakobs to koner, Leah og Rachel var sjalue på hverandre med Jakob mellom dem (1. Mosebok 30. kapittel). Kong Saulus var sjalu på David, som fikk mer kjærlighet fra folket enn han selv fikk (1. Samuel 18:7-8). Kain var sjalu på hans bror, Abel, og drepte ham (1. Mosebok 4:1-8). Sjalusi oppstår fra ondskapen i en persons hjerte som provoserer dem for å tilfredsstille deres egen grådighet.

En lettere måte å se om du er sjalu er hvis du føler deg ukomfortabel når en annen person trives og gjør det godt. Du vil også kanskje begynne å mislike denne andre personen og gjerne ta det de har. Og hvis du noen gang sammenligner deg selv med en annen person og føler deg motløs, da vil sjalusi være grunnlaget for dette problemet. Når den personen er på så noenlunde samme alder, har liknende tro, erfaring, eller kommer fra liknende bakgrunn eller miljø, er det spesielt lett å bli sjalu på denne personen. Akkurat som Gud befalte oss om å "elske våre naboer like mye som oss selv", vil Gud at vi skal være lykkelige for dem hvis en annen person får komplimenter fordi de er bedre enn oss. Han vil at vi skal være like lykkelige som om vi selv mottok komplementet.

'raseriutbrudd' er symbol på et sinne som går overtrer det å bare bli sint innvendig. Det har ofte et veldig dårlig resultat. Dette er for eksempel når en lett blir sint hvis noen ikke er enige med oss, og hvor vi bruker vold, og til og med drap. Det å simpelthen bli frustrerte og uttrykke denne frustrasjonen vil ikke hindre frelse; men hvis du har onde egenskaper som sinne, da vil du kanskje få et raserianfall. Du må derfor dra denne ondskapen ut fra roten av og kaste den vekk.

Dette er Kong Saulus tilfelle, han som ble sjalu på David og hele tiden prøvde å drepe ham fordi han ble lovprist av folket— en lovprisning som han selv syntes han fortjente! Det finnes mange steder i Bibelen hvor Saulus viste hans raserianfall. Han kastet en gang et spyd på David (1. Samuel 18:11). Bare på grunn av at byen Nob hjalp David med å rømme, ødela Saulus byen. Dette var prestenes by, og Saulus drepte ikke bare menn, kvinner, barn og nyfødte; men han drepte også okser, esler, og sauer (1. Samuel 22:19). Hvis vi blir like sinet som dette, da vil vi hope opp en del synd.

### 4) Krangel, uenighet, fraksjoner

'Krangel' ender med at mennesker blir separerte. Hvis noe ikke passer dem, vil de formere klikker eller grupper. Dette vil ikke simpelthen referere til mennesker med et nært forhold, noen som deler noe som de har til felles, eller noen som møter hverandre regelmessig. Dette er fiendtlige grupper hvor dens medlemmer sladrer, kritiserer, dømmer og fordømmer. Disse gruppene kan forme seg innenfor familien, i nabolaget, og til og med i kirken.

Hvis noen for eksempel ikke liker hans eller hennes prester og begynner å sladre om dem sammen med mennesker som har den samme meningen, vil dette være 'Satans synagoge'. Siden disse mennesker hindrer menigheten fordi de dømmer og fordømmer dem, kan deres kirke ikke få erfare oppvekkelse.

'Uenighet' er det å skape fraksjoner og separere seg selv fra resten av menneskene ved å følge sin egen vilje og tanker. Et eksempel er det å skape et splittelse i kirken. Dette er en oppførsel som setter seg opp imot Guds vilje, fordi det blir fremlagt med en sterk mening som en selv tror er den eneste måten å tenke på, og alt må bli lagt til rette for å møte ens eget gagn.

Davids sønn, Absalom bedro og gjorde opprør imot sin far (2. Samuel 15. kapittel), fordi han bare fulgte hans egen grådighet. Under dette opprøret, tok mange israelitter, til og med Ahitophel, Davids rådgiver, Absaloms side og bedro David. Gud forlater mennesker som dette som deltar i kjødelig arbeide. Så Absalom og alle menneskene som var enige med ham ble til slutt slått og det fikk en veldig miserabel avslutning.

'Kjetteri' er når mennesker nekter Herren, han som kjøpte dem, og de vil hurtig bli dømt (2. Peter 2:1). Jesus Kristus mistet sitt blod for å redde oss, men vi oppholdt oss midt i synden; det er derfor riktig å si at Han betalte for oss med Hans blod. Så hvis vi sier at vi tror på Gud men nekter den Hellige Treenigheten, eller nekter Jesus Kristus som kjøpte oss med Hans blod, da er det akkurat som om vi selv ødelegger oss.

Det finnes tider hvor mennesker anklager og fordømmer andre mennesker for kjetteri bare på grunn av at de er litt annerledes enn dem selv, uten at de egentlig kjenner til den virkelige meningen med kjetteri. Men det er veldig farlig å gjøre, for det kan falle inn i samme kategorien hvor en hindrer den Hellige Ånd. Hvis noen tror på den Treenige Gud—Faderen, Sønnen, og den Hellige Ånd, og ikke nekter Jesus Kristus, da kan vi ikke fordømme dem for kjetteri.

### 5) Misunnelse, mord, alkoholmisbruk, forlystelser

'Misunnelse' er en sjalusi som blir til handling. Sjalusi er å nekte eller ikke like andre når ting går godt for dem, og misunnelse er når en tar et steg videre hvor denne nektelsen provoserer noen slik at de vil skade andre. Normalt sett kan misunnelse oftest bli funnet blant kvinner, men det kan selvfølgelig også oppstå blant menn; og hvis den fortsetter, kan den føre til forferdelige synder som mord. Og selv om den ikke fortsetter til det punktet hvor en myrder noen, kan den gå så langt at den skremmer eller skader den andre personen, eller andre onde handlinger som for eksempel sammensvergelse imot en annen person eller personer.

Deretter kommer 'alkoholmisbruk'. I Bibelen finnes det en scene etter flodens dom hvor Noah drakk vin, ble full, og gjorde en tabbe. Noahs fyll gjorde til slutt at hans sønn ble fordømt, og brakte så ut hans svakhet. Efeserne 5:18 sier, "Og bli ikke full av vin, for det er fordervelse, men bli heller fylt med Ånden." Dette betyr at alkoholmisbruk er en synd.

Grunnen til at Bibelen har skrevet ned om mennesker som drikker vin er fordi Israel har mange tørre steder i villmarken hvor det er veldig lite vann. Det ble derfor godkjent å drikke vin som var laget av ren drue saft, og andre frukter som hadde høy konsentrasjon av sukker (5. Mosebok 14:26). Men israelittene drakk denne vinen istedenfor vann; men ikke nok til at de ble fulle av det. Men her i landet nå for tiden, hvor det finnes masse av vann, har vi egentlig ikke bruk for vin eller alkohol.

I Bibelen kan vi se at Gud ikke hadde til hensikt å gi de troende sterke drikker som vin (3. Mosebok 10:9; Romerne 14:21). Salomos Ordspråk 31:4-6 sier: "Det sømmer seg ikke for konger, Lemuel, det sømmer seg ikke for konger å drikke vin, heller ikke for fyrster å drikke sterk drikk, for at de ikke skal drikke og glemme hva som er lov, og vende om retten for alle arminger. Gi sterk drikk til den som er sin undergang nær, og vin til den som er bedrøvet i sjelen."

Du vil kanskje si, "Er det ikke ok å drikke litt, bar ikke så mye at en blir full?" Men selv om du bare drikker litt, vil du bli 'bare litt full'. Du er fremdeles full, selv om det 'bare er litt'. Når du blir full, da vil du miste din selv beherskelse, så selv om du normalt er en ydmyk person, vil du kanskje bli voldelig når du blir full. Det finnes mennesker som vil prate stygt og oppføre seg tøft, eller til og med prøve å vise seg. En vil også miste litt av fornuften og ens dømmekraft, og noen mennesker kan ende opp med å begå alle slags forskjellige synder. Det er veldig vanlig å se mennesker ødelegge deres helse på grunn av mye drikking, og mennesker som blir alkoholikere bringer ikke bare smerter til seg selv, men også til de de elsker. Men i mange tilfeller kan de ikke stoppe, og de vil bare fortsette med å drikke til de ødelegger deres liv, selv om de godt vet hvor skadelig det er, fordi de ikke kan stoppe etter at de først har begynt. Det er på grunn av dette at 'alkoholmisbruk' er inkludert i listen over 'det kjødelige arbeide'.

Mange ting faller inn i kategorien "forlystelser". Hvis noen er så oppslukt i drikking, spill, festing, og liknende at han ikke kan ta vare på hans vanlige ansvar som husets overhode, eller være en god far eller mor til et barn, da vil Gud se på dette som 'forlystelser'. Og det og ikke ha selvbeherskelse og jage etter seksuelle lidenskap og leve en umoralsk livsstil, eller bare leve som du selv ønsker, vil falle inn under 'forlystelser'.

Et annet problem i dagens miljø er menneskers besettelse over overfladiske og luksuriøse produkter og varemerker som gjør at de bli involvert i forlystelser. Mennesker kjøper vesker, sko, osv. fra designere som de ikke har råd til, men bruker deres kredittkort som vil føre til at de til slutt får stor gjeld. Når de ikke har noen måte å betale tilbake gjelden på vil også noen ganger begå forbrytelser eller begå selvmord. Dette er mennesker som ikke har selvbeherskelse over deres egen grådighet, og de jager etter forlystelser og må så betale for konsekvensene.

### 6) Og liknende...

Gud sier at det finnes mye annet kjødelig arbeide utenom de vi allerede har pratet om. Men når vi tenker, 'Hvordan kan jeg noen gang bli kvitt alle disse syndene?' da burde vi ikke gi opp i begynnelsen. Selv om vi er veldig syndige, kan du helt sikkert bli kvitt syndene hvis du holder deg sterkt til det og prøver så hardt du kan. Når vi prøver å ikke begå kjødelig arbeide, og hele tiden ber, da vil du motta Guds nåde og få makt til å omvende deg hvis du bare arbeider hardt med å gjøre gode gjerninger. Dette vil kanskje være umulig gjennom menneskenes makt; men alt er mulig gjennom Guds makt (Markus 10:27).

Hva skjer hvis du lever akkurat som de verdslige mennesker midt i synden og forlystelser selv om du har hørt og vet at du ikke kan arve Guds kongerike hvis du fortsetter med å hole deg til de kjødelige ting? Da er du et kjødelig menneske, det vil si 'agn,' og du kan motta frelse. 1. Korinterne 15:50 sier, "Men dette sier jeg, brødre, at kjød og blod kan ikke arve Guds rike, heller ikke arver forgjengelighet uforgjengelighet." Og i 1. Johannes 3:8 står det, "Han som praktiserer synd er djevelen; for djevelen har syndet helt fra begynnelsen."

Vi må huske på at hvis vi holdere oss til det kjødelige, og veggen mellom Gud og oss bare blir større og større, da kan vi ikke møte Gud, motta svar på våre bønner, eller arve Guds kongerike, det vil si Himmelen.

Men bare på grunn av at du aksepterer Jesus Kristus og mottar den Hellige Ånd, betyr ikke dette at du kan bli kvitt alt det kjødelige arbeide med det samme. Men ved hjelp av den Hellige Ånd, må du prøve å leve et hellig liv, og be iherdig på den Hellige Ånd. Da kan du bli kvitt det kjødelige en etter en. Selv om du fremdeles har et par kjødelige ting inne i deg som du ikke ennå har blitt kvitt, vil ikke Gud kalle deg et kjødelig menneske, men Han vil kalle deg Hans barn som blir rettferdig gjennom troen og Han vil lede deg til frelse.

Men dette betyr ikke at du burde oppholde deg på det samme nivået hvor du fortsetter med å holde deg i det kjødelige. Du må prøve å ikke kaste bort det kjødelige arbeide som er synlig utenfra, men du burde også prøve å bli kvitt alle de kjødelige tingene som ikke er synlige utenpå. I de Gamle Testamentets tider, var det hardt å bli kvitt alle de kjødelige tingene fordi den hellige Ånd hadde ennå ikke kommet, og de måtte bare gjøre det gjennom deres egen styrke. Men nå i de Nye Testamentets tider, kan vi bli kvitt det kjødelige ved hjelp av den Hellige Ånd og bli så bli frelst.

Dette er fordi Jesus Kristus allerede har tilgitt oss alle våre synder når Han ble kvitt sitt eget blod på korset og så sendte den Hellige Ånd, tjeneren, for å hjelpe oss. Jeg ber derfor om at du vil motta hjelp fra den Hellige Ånd og så bli kvitt alt det kjødelige arbeide og de kjødelige tingene og bli anerkjente som Guds sannferdige barn.

## 4. Kapittel

# "Bær Derfor på en Frukt Som er Omvendelsen Verdig"

*"Da drog Jerusalem og hele Judea og hele landet om Jordan ut til ham, og de ble døpt av ham i elven Jordan, idet de bekjente sine synder. Men da han så mange av fariseerne og saddukeerne komme til hans dåp, sa han til dem: Ormeyngel! hvem lærte dere å fly for den kommende vrede? Bær derfor frukt som er omvendelsen verdig, og tro ikke at dere kan si ved dere selv: "Vi har Abraham til far!" for jeg sier dere at Gud kan oppvekke Abrahams barn av disse steiner. Øksen ligger allerede ved roten av trærne; derfor blir hvert tre som ikke bærer god frukt, hugget ned og kastet på ilden.'"*
*(Matteus 3:5-10)*

Johannes var en profet som var født før Jesus og som 'gikk rett til Herren'. Johannes kjente godt til hvilken hensikt hans liv hadde. Så når tiden var inne, spredde han iherdig nyhetene om Jesus, den fremtidige Messias. På den tiden ventet jødene på Messias som ville redde landet deres. Det er på grunn av dette at Johannes ropte ut i villmarken i Judeas, "Omvend dere, for himlenes rike har kommet nær!" (Matteus 3:2) Og for de som angret på deres synder, de ville han døpe med vann og føre dem slik at de kunne akseptere Jesus som deres Frelser.

Matteus 3:11-12 sier, "Jeg døper dere med vann til omvendelse; men han som kommer etter meg, er sterkere enn jeg, han hvis sko jeg ikke er verdig til å bære; han skal døpe dere med den Hellige Ånd og ild; han har sin kasteskovl i sin hånd, og han skal rense sin låve og samle sin hvete i laden, men agnene skal han brenne opp med uslukkelig ild." Johannes fortalte på forhånd at Jesus, Guds Sønn som kom hit til verden, er vår Frelser og vil til slutt bli vår Dommer.

Når Johannes så mange fariseere og saddukeere som kom for å bli døpt, kalte han dem "ormeyngler" og straffet dem. Han gjorde dette fordi de ikke kunne motta frelse uten det rette angrende resultatet Så la oss nå kikke litt nærmere på Johannes irettesettelse for å se hva slags frukt vi må bære for å kunne motta frelse.

### Ormeyngel

Både fariseerne og saddukeerne kom opprinnelig fra Jødedom. Fariseerne hyllet seg selv fordi de var 'annerledes' enn andre. De trodde på oppstandelsen av de rettferdige og dommen til de onde; de holdt seg strengt til Loven til Moses og tradisjonen til kirkens eldste. De hadde derfor en veldig høy status i samfunnet.

På den annen side var saddukeerne aristokratiske prester

som hadde mesteparten av deres interesse i tempelet, og deres synspunkter og skikker var annerledes enn fariseernes. De overholdt den politiske situasjonen under den romerske regjerningen og de nektet å tro på oppstandelsen, den evige egenskapen til sjelen, englene, og de åndelige. De så til og med på Guds kongerike som verdslig.

I Matteus 3:7, bebreidet Døperen Johannes fariseerne og saddukeerne når han sa, "Ormeyngel! hvem lærte dere å fly for den kommende vrede?" Hvorfor tror du Johannes kalte dem "ormeyngler", når de sa at de trodde på Gud?

Fariseerne og saddukeerne sa begge at de trodde på Gud, og at de underviste andre om Loven. Men de anerkjente ikke Guds Sønn, Jesus. Det er på grunn av dette at Matteus 16:1-4 sier, "Og fariseerne og saddukeerne gikk til ham og fristet ham, og ba at han ville la dem få se et tegn fra himmelen. Men han svarte og sa til dem: 'Når det er blitt aften, sier dere: "Det blir godt vær, for himmelen er rød;" Og om morgenen: "Idag blir det uvær, for himmelen er rød og mørk." Himmelens utseende vet dere å tyde, men tidenes tegn kan dere ikke tyde. En ond og utro slekt krever tegn, og tegn skal ikke gis den, uten Jonas tegn.' Og han forlot dem og gikk bort."

Matteus 9:32-34 sier, "Da nu disse gikk bort, se, da førte de til ham et stumt menneske, som var besatt. Og da den onde ånd var drevet ut, talte den stumme. Og folket undret seg og sa: 'Aldri har slikt vært sett i Israel.' Men fariseerne sa: Det er ved de onde ånders fyrste han driver de onde ånder ut.'" En god person ville juble og lovprise Gud, siden Jesus ble kvitt en demon. Men fariseerne hatet egentlig Jesus og dømte og fordømte Ham, og sa at Han arbeidet for djevelen.

I Matteus 12. kapittel, ser vi mennesker som prøver å finne en grunn til å anklage Jesus, ved å spørre Ham om det er riktig eller galt å helbrede folk på sabbaten. Når Han ble klar over deres hensikt, ga Jesus dem illustrasjonen om sauen som falt inn i et hull på sabbaten for å vise dem at det er ok å gjøre visse arbeid på sabbaten. Han helbredet så en mann med en hånd som var skrumpet iss. Men istedenfor å lære ifra denne begivenheten, pønsket de heller om hvordan de kunne bli kvitt Jesus. Siden Jesus gjorde ting som de ikke selv kunne gjøre, var de sjalue på Ham.

1. Johannes 3:9-10 sier, "Hver den som er født av Gud, gjør ikke synd, fordi hans sæd blir i ham, og han kan ikke synde, fordi han er født av Gud. På dette kan Guds barn og djevelens barn kjennes; hver den som ikke gjør rettferdighet, er ikke av Gud, heller ikke den som ikke elsker sin bror." Dette betyr at en person som begår synder ikke holder seg til Gud.

Fariseerne og saddukeerne sa begge at de trodde på Gud, men de var fremdeles fulle med ondskap. De begikk kjødelige ting som sjalusi, hat, stolthet, og dom og fordømmelse. De begikk også andre kjødelige ting. De jaktet bare på observeringen og formaliteten av Loven og søkte etter verdslig ære. De var under Satans innflytelse, den gamle slangen (Johannes Åpenbaring 12:9); så når Døperen Johannes kalte dem 'ormeyngler', er det dette han hentydet til.

## Du må bære frukter når du angrer

Hvis vi er Guds barn, burde vi holde oss i lyset fordi Gud er selve Lyset (1. Johannes 1:5). Hvis vi holder oss i mørket, som er det motsatte av Lyset, er vi ikke Guds barn. Hvis vi ikke er rettferdige, som er Guds Ord, eller hvis vi ikke elsker våre troende brødre, da holder vi oss ikke til Gud (1. Johannes 3:10). Slike mennesker kan ikke motta svar på deres bønner. De kan ikke motta frelse og derfor heller ikke erfare Guds arbeide.

Johannes 8:44 sier, "Dere har djevelen til far, og dere vil gjøre deres fars lyster. Han var en morder fra begynnelsen og står ikke i sannheten; for sannhet er ikke i ham. Når han taler løgn, taler han av sitt eget, for han er en løgner og løgnens far."

På grunn av Adams lydighet, er alle mennesker født ifra djevelen, han som er mørkets hersker. Bare de som mottar tilgivelse ved å tro på Jesus Kristus er født på ny som Guds barn. Men hvis du sier at du tror på Jesus Kristus, men ditt hjerte er fremdeles fylt med synd og ondskap, da kan du ikke bli kalt Guds virkelige barn.

Hvis du gjerne vil bli Guds barn og motta frelse, må du hurtig angre på alt ditt kjødelige arbeide og de kjødelige tingene og holde på den riktige frukten med anger ved å oppføre deg ifølge den Hellige Ånds ønsker.

## Anta ikke at Abraham er din far

Etter at Døperen Johannes sa til fariseerne og saddukeerne om at de måtte bære på frukten med å angre, begynte Døperen

Johannes å si, "Og tro ikke at dere kan si til dere selv, 'Vi har Abraham som vår far'; for jeg sier dere at Gud kan oppvekke Abraham barn av disse steiner'" (Matteus 3:9.

Hva er den åndelige meningen bak dette verset? En som er Abrahams etterkommer burde likne på Abraham. Men i motsetning til Abraham, troens far og en rettferdig mann, var fariseerne og saddukeerne fulle av ulovligheter og urettferdigheter i hjertene deres. Mens de gjorde onde ting og adlød djevelen, så de på seg selv som Guds barn. Det er på grunn av dette at Johannes irettesatte dem når han sammenlignet dem til Abraham. Gud ser hva som sitter mitt inne i menneskets hjerte, og ikke på deres utseende (1. Samuel 16:7).

Romerne 9:6-8 sier, "Men det er ikke som om Guds ord har slått feil. For ikke alle som er av Israels ætt, er derfor Israel; heller ikke er alle, fordi de er Abrahams ætt, derfor hans barn; men: 'GJENNOM ISAK SKAL DET NEVNES DEG EN ÆTT. 'Det er: ikke kjøttets barn er Guds barn, men løftets barn regnes til ætten."

Fader Abraham hadde mange sønner; men bare Isaks etterkommere ble Abrahams virkelige etterkommere – løftets arvinger. Og fariseerne og saddukeerne var israelitter gjennom blodet, men i motsetning til Abraham, holdt de ikke på Guds Ord. Så åndelig sett, kunne de ikke bli anerkjent som Abrahams virkelige barn.

På samme måte vil det ikke bety at de automatisk blir Guds barn fordi de aksepterer Jesus Kristus og går i kirken. Guds barn refererer til en person som mottar frelse gjennom troen. Videre vil det å ha tro ikke bare bety at en hører Guds Ord. Det gjelder også ens oppførsel. Hvis vi muntlig erklærer at vi er Guds barn, men våre hjerter er fulle av urettferdighet som Gud hater, kan vi ikke kalle oss selv Guds barn.

Hvis Gud ville hatt barn som var onde, som for eksempel fariseerne og saddukeerne, ville Han ha valgt livløse steiner som ruller rundt omkring på bakken til å bli Hans barn. Men dette var ikke Guds vilje. Gud ville gjerne ha sannferdige barn som Han kunne dele Hans kjærlighet med. Han ville gjerne ha barn som Abraham, som elsket Gud og adlød Hans ord fullstendig og som hele tiden oppførte seg med kjærlighet og godhet. Dette er fordi mennesker som ikke kaster bort ondskap fra hjerte deres ikke kan bringe en virkelig glede til Gud. Hvis vi lever akkurat som fariseerne og saddukeerne, og følger djevelens vilje istedenfor Guds vilje, da hadde Gud ikke behøvd å bruke så mye anstrengelse på å skape menneske og så kultivere ham. Han kunne like godt ha tatt steiner og omvendt de til Abrahams arvinger!

### "Alle trær som ikke bærer gode frukter blir skjært ned og kastet inn i ilden"

Døperen Johannes sa til fariseerne og saddukeerne, "Øksen har allerede blitt lagt ved treets stamme; slik at alle trærne som ikke gir god frukt vil bli kuttet ned og kastet inn i ilden" (Matteus 3:10). Det som Johannes her mener er at alle vil bli dømt ifølge hans handlinger fordi Guds Ord har blitt erklært. Så alle trær som derfor ikke gir god frukt—som for eksempel fariseerne og saddukeerne—vil bli kastet inn i Helvetes ilden.

I Matteus 7:17-21, sier Jesus, "Således bærer hvert godt tre gode frukter, men det dårlige tre bærer onde frukter. Et godt tre kan ikke bære onde frukter, og et dårlig tre kan ikke bære gode frukter. Alle trær som ikke bærer gode frukter blir skjært ned og kastet inn i ilden. Derfor skal dere kjenne dem av deres frukter. Ikke alle de som sier til Meg, 'Herre, Herre,' vil komme inn i himmelens kongerike, men han som holder seg til Min Fars vilje, Han som er i himmelen, vil komme inn."

Jesus sa også i Johannes 15:5-6, "Jeg er vintreet, dere er grenene; den som blir i Meg, og jeg i ham, han bærer mye frukt; for uten Meg kan dere intet gjøre. Om noen ikke blir i Meg, da kastes han ut som en grein og visner, og de sankes sammen og kastes på ilden, og de brenner." Dette betyr at Guds barn som handler ifølge Hans vilje og gir vakker frukt vil komme inn til Himmelen, men de mennesker som ikke gjør dette er djevelens barn og vil bli kastet inn i Helvetes ilden.

Når Bibelen prater om Helvete, vil de ofte bruke ordet 'ild'. Johannes Åpenbaring 21:8 sier, "Men de redde og vantro og vederstyggelige og manndraperne og horkarlene og trollmennene og avgudsdyrkerne og alle løgnerne, deres del skal være i sjøen som brenner med ild og svovel; det er den annen død." Den første døden er når en persons fysiske liv tar slutt, og den andre døden er når sjelen, eller personens herre, mottar dom og faller inn i den evige ilden i Helvete som aldri dør.

Helvete består av ildens tjern og tjernet med den brennende svovelen. Mennesker som ikke tror på Gud, og de som sier at de tror på Ham men praktiserer urettferdighet og som ikke gir angrende frukt, har ikke noe med Gud å gjøre; og de vil derfor havne i ildens tjern i Helvete. Nå vil disse menneskene som gjorde noe som var så ondt at det var til og med utenkelig for menneskene, eller som satte seg opp imot Gud, eller var en falsk profet og ble årsaken til at mange menesker havnet i Helvete, vil havne inn i tjernet med den brennende svovelen, som er sju ganger så varm som tjernet med ilden (Johannes Åpenbaring 19:20).

Noen krangler om at så fort du mottar den Hellige Ånd og navnet ditt blir satt inn i Livets Bok, vil du bli reddet helt uten videre. Men dette er ikke sant. Johannes Åpenbaring 3:1 sier, "Jeg vet om dine gjerninger, at du har et navn, og at du lever, men egentlig er du død." Johannes Åpenbaring 3:5 sier, "Den som seirer, han skal således bli kledd i hvite klær, og jeg vil ikke utslette hans navn av livsens bok, og jeg vil kjennes ved hans navn for min Fader og for hans engler." "Du har et navn og du lever" refererer til de som har akseptert Jesus Kristus og hadde navnet deres skrevet ned i Livets Bok. Men dette verset viser at hvis en synder og går mot døden, vil hans navn bli slettet fra boken.

I 2. Mosebok 32:32-33, kan vi se at Gud er sint på israelittene og er like ved å ødelegge dem på grunn av deres idoltilbedelse. På denne tiden ba Moses på vegne av israelittene ved å spørre Gud om å tilgi dem – selv om dette betyr at han må slette sitt eget navn ifra Livets Bok. Og for dette sa Gud, "Alle de som synder mot Meg, vil Jeg stryke ut av Min Bok" (2. Mosebok 32:33). Dette betyr at selv om navnet ditt ble skrevet ned i boken, kan det bli fjernet hvis du går vekk fra Gud.

Det finnes egentlig mange steder gjennom Bibelen som prater om det å skille hveten ifra klinten blant de troende. Matteus 3:12 sier, "Han har sin kasteskovl i sin hånd, og han skal rense sin låve og samle sin hvete i laden, men agnene skal han brenne opp med uslukkelig ild." Og Matteus 13:49-50 sier, "Således skal det gå til ved verdens ende: Englene skal gå ut og skille de onde fra de rettferdige og kaste dem i ildovnen; der skal være gråt og tenners gnissel."

Her vil "de rettferdige" referere til de troende, og "de onde blant de rettferdige" refererer til de som sier at de tror, men akkurat som klinten har de død tro, det vil si en tro uten handling. Disse mennesker vil bli kastet inn i Helvetes ilden.

## Frukter du har når du angrer

Døperen Johannes ba mennesker om ikke bare å angre, men også samtidig bære frukten når en angrer. Hva er så det å holde på fruktene når du angrer? De er lysets frukter, den Hellige Ånds frukter, og kjærlighetens frukter, som er vakre frukter gjennom sannheten.

Vi kan lese om Galaterne 5:22-23, "Men frukten fra Ånden er kjærlighet, lykke, fred, tålmodighet, vennlighet, godhet, trofasthet, ydmykhet, selvbeherskelse; og imot slike ting finnes det ingen lov." Og Efeserne 5:9 sier, "For frukten i Lyset ligger i all godheten og rettferdigheten og sannheten..." Og blant alle disse, la oss ta en titt på de ni fruktene til den Hellige Ånden, som er en veldig fin representasjon av disse 'gode fruktene'.

Den første frukten er kjærlighet. 1. Korinterne 13. kapittel forteller oss hva den virkelige kjærligheten er og sier at "den [kjærligheten] er tålmodig, snill, er ikke sjalu, den skryter ikke, er ikke arrogant, og er ikke ukledelig, osv." (v. 4-5). Virkelig kjærlighet er med andre ord åndelig kjærlighet. En slik kjærlighet er også en ofrende kjærlighet hvor en kan gi sitt liv til Guds kongerike og Hans rettferdighet. En kan oppnå en slik kjærlighet like mye som han kan kaste bort sin synd, ondskap, og ulovlighet og bli frelst.

Den andre frukten er lykke. Mennesker som har den lykkelige frukten er ikke bare lykkelig når ting går godt, men de er også lykkelige i alle andre omstendigheter og situasjoner. De er alltid lykkelige midt i håp om Himmelen. De vil derfor ikke engste seg; og samme hvilke problemer de møter, vil de be gjennom troen, og derfor motta svar på bønnene deres. Siden de tror på at Gud den Allmektige er deres Far, kan de alltid juble, hele tiden be, og være takknemlige i alle omstendigheter.

Fred er den tredje frukten. En person med en slik frukt har et hjerte som ikke har noen konflikt med noen. Siden slike mennesker ikke hater, har ingen tendens til å slåss eller krangle, er ikke egoistiske, eller selvgode, kan de sette andre mennesker først, ofre seg selv for dem, tjene dem, og behandle dem med godhet. Og på grunn av dette kan de hele tiden oppnå fred.

Den fjerde frukten er tålmodighet. Å bære denne frukten betyr å være tålmodige i sannheten fordi de forstår og tilgir. Dette betyr ikke å bare "se" tålmodig ut ved å undertrykke en sinne som koker inne i en. Det betyr å kaste bort ondskap som sinne og raseri, og istedenfor fylle opp med godhet og sannhet. Det er å kunne forstå alle slags mennesker og så omfavne dem. Og siden en person som bærer slik frukt ikke har noen negative følelser, er det ingen grunn til å bruke ord som "tilgivelse" og "være tålmodig". Slik frukt vil ikke bare ha med menneskenes forhold til hverandre, men det betyr også å ha tålmodighet med seg selv mens en kaster vekk ondskapen i ens hjerte og venter tålmodig helt til bønnene og anmodningene som ble løftet opp til Gud ble besvart.

Den femte frukten, vennlighet, er når noen eller noe er umulig å forstå. En slik vennlighet kan også bli tilgitt når det er umulig å tilgi. Hvis du har selvgode tanker eller hvis du føler at du hele tiden har rett, kan du ikke ha en barmhjertig frukt. Bare når du gir deg selv fullstendig, tar imot alle ting med et stort hjerte, og ser etter folk med kjærlighet, kan du virkelig forstå og tilgi.

Den sjette frukten er godhet. Det er å imitere hjerte til Kristus: et hjerte som aldri krangler eller blir brautende; som ikke brekker av et ødelagt siv, eller slukker en glødende veke. Dette er et sannferdig hjerte, som har kastet vekk alle syndene, som alltid søker etter godheten i den Hellige Ånd.

Den sjuende frukten er trofasthet. Det er å være trofast helt til døden – når det gjelder å slåss imot synd og kaste det ut, for å kunne oppnå sannheten i ditt hjerte. Det er å alltid være lojal og trofast når det gjelder å fullføre dine forpliktelser i kirken, i ditt hjem, på arbeidet, eller hvilke som helst forpliktelser du har. Det er å være trofast i "alle Guds husholdninger".

Den åttende frukten er ydmykhet. Å ha en ydmyk frukt betyr å ha et hjerte som er like myk som bomull, og som hjelper en å omfavne alle slags type mennesker. Hvis du oppnår et ydmykt hjerte, samme hvem som prøver å fornærme deg, vil du ikke bli fornærmet, eller skadet. Det er akkurat som når noen kaster en stein på en bomulls dott, og den bare omfavner steinen og dekker den, hvis du bærer på en ydmyk frukt, da kan du ta imot ting og støtte mange mennesker som kommer for å søke etter et sted å hvile.

Hvis du til slutt bærer frukten med selv beherskelse, da kan du nyte stabilitet på alle områder i ditt liv. Og i et liv med orden, kan du bære på alle de riktige slags frukter når tiden er inne. Herav kan du nyte et vakkert og velsignet liv.

Siden Gud vil at vi skal ha slike vakre hjerter, sa Han i Matteus 5:14, "Du er verdens lys," og i vers 16, "...La ditt lys skinne overfor mennesker på en slik måte at de kan se ditt gode arbeide, og lovprise din Far som sitter i himmelen." Hvis vi kan bære Lysets frukt, som sitter på samme linje som anger ved å virkelig holde seg i Lyset, da vil all godheten og rettferdigheten og sannheten overflyte seg for oss (Efeserne 5:9).

## Menneskene som bår frukter når de angret

Når vi angrer på våre synder og bærer frukten ved å angre, da vil Gud anerkjenne dette som en tro og velsigne oss ved å svare på våre bønner. Gud gir oss barmhjertighet når vi angrer dypt. Under denne prøvende tiden, oppdaget Job ondskapen i hans hjerte og angret gjennom støv og aske. På den tiden helbredet Gud alle de såre byllene på kroppen hans og velsignet ham med dobbelt så mye rikdom som han før hadde hatt. Han velsignet ham også med vakrere barn enn de han allerede hadde (Job 42. kapittel). Når Jonas angret da han satt fast inne i maven på en stor fisk, da reddet Gud ham. Menneskene i Nivea fastet og angret etter at de hadde mottatt advarsel om Guds raseri på grunn av deres synder, og Gud tilga dem (Jonas kapittel 2-3). Hiskia, den 13de kongen i Judeas sørlige kongerike, ble fortalt av Gud, "Du burde dø og ikke leve." Men når vi ropte ut angrende, forlenget Gud hans liv med 15 år (2. Kongerike 20. kapittel).

Det er på denne måten at selv om noen begår en ond gjerning, men virkelig vender seg vekk ifra synden hvis han eller henne virkelig angrer, da vil Gud motta deres beklagelse. Gud redder Hans folk, akkurat som det står skrevet i Salmenes Bok 103:12, "Like langt unna som øst ligger ifra vest, har Han fjernet vår synd ifra oss."

I 2. Kongeboken 4. kapittel, kan vi se en prominent kvinne fra Shunem som trofast tjente profeten Elisja med hennes gjestfrihet. Selv om hun ikke hadde spurt, fikk hun en sønn som hun lenge hadde ønsket seg. Hun tjente ham ikke for å motta en velsignelse, men hun tjente Elisja fordi hun elsket og tok seg av Guds tjener. Gud var tilfreds med hennes gode gjerninger og velsignet henne med svangerskap.

Og i Johannes Åpenbarelse 9. kapittel, kan vi se Tabitha, en disippel som hadde rikelig med vennlige og veldedige gjerninger. Når hun ble syk og døde, brukte Gud Peter for å vekke henne opp ifra de døde. Til de elskede barn som bærer vakker frukt, vil Gud gjerne svare på deres bønner, og gi dem Hans nåde og velsignelser.

Vi må derfor klart og tydelig ha kunnskap til Guds vilje, og bære på frukten ved å angre. Vi burde så imitere hjerte til vår Herre og praktisere rettferdighet. Ved å tenke på seg selv gjennom Guds Ord, vil jeg be om at du vender deg tilbake til Ham ved å bære på frukten fra den Hellige Ånd, frukten fra Lyset, og frukten fra kjærligheten, slik at vi kan få svar på alle våre bønner, hvis du har en del av ditt liv som ikke holder seg til Guds Ord

# Ordliste

## Forskjellen mellom synd og ondskap

"Synd" er en gjerning som ikke holder seg i henhold til troen. Det er å ikke gjøre den rette tingen mens en i sitt hjerte vet hva som er riktig. På et bredere omfang er alt som ikke har med troen å gjøre en synd; så det å ikke tro på Jesus Kristus er derfor den største synden.

"Ondskap" er alt som ikke er akseptabelt når vi holder oss til Guds Ord, det vil si, alt som er det motsatte av sannheten. Det er den syndige naturen som ligger dypt inne i vårt hjerte. Synd er deretter et spesielt, utvendig uttrykk, eller en synlig form for ondskap inne i ens hjerte. Ondskap er usynlig i natur; så synd er derfor etablert som et resultat på ondskapen i ens hjerte.

## Hva er godhet?

I ordboken, er godhet "tilstanden eller kvaliteten om å være god, moralsk utmerkethet, dyd". Men avhengig av hver persons samvittighet, kan den normale godheten være forskjellig. Så den fullstendige standarden for godhet må bli funnet i Guds Ord, Han som er selve godheten. Godheten er derfor sannheten, det vil si Guds Ord. Det er selve Hans vilje og tanker.

## 5. Kapittel

# "Avsky Ondskap; Kling til Det Gode."

---

*"La kjærlighet være foruten hykleri.*
*Avsky det onde;*
*hold fast på det gode."*
*(Romerne 12:9)*

Nå for tiden kan vi se ondskap eksistere i forhold mellom foreldre og deres barn, mellom ektepar, mellom brødre og søstre og mellom naboer. Mennesker søksaker hverandre over deres arv, og i enkelte tilfeller, vil mennesker bedra hverandre til fordel for seg selv. Dette vil ikke bare få andre til å rynke pannen; men vil også gjøre at de selv vil lide mye. På grunn av dette at Gud sa, "Hold deg vekk fra all slags ondskap" (1. Tessalonikerne 5:22).

Verden sier at en person er 'god' når han eller henne er moralsk sett oppriktig og samvittighetsfull. Men det finnes mange tilfeller hvor en persons 'gode' moraler og samvittighet ikke er så gode når de setter seg opp imot Guds Ord. Det er også videre tider hvor de egentlig motsier selve Guds vilje. En sannhet som vi må huske på her er at Guds Ord—og bare Hans Ord— er den fullstendige standarden for 'godheten'. Så alt som ikke holder seg fullstendig etter Guds Ord er derfor ondskap. Så hvorfor er så synd og ondskap annerledes? Disse to tingene kan virke som om de er like, men de er forskjellige. Hvis vi for eksempel bruker et tre som en illustrasjon, er ondskap akkurat som røttene som ligger under jorden og som er usynlige, mens synd er akkurat som de synlige delene av treet, som greiner, blad, og frukt. Akkurat som et tre kan leve på grunn av dens røtter, vil en person synde på grunn av ondskapen inne i ham. Ondskap er en av egenskapene inne i en persons hjerte, og den omfatter alle egenskapene og forholdene som ligger i motsetning til Gud. Når en slik ondskap tar en slik uttrykkelig form som tanker eller handlinger, da vil dette bli kalt "synd".

### Hvordan ondskap blir vist som en synd

Lukas 6:45 sier, "Et godt menneske bærer det gode frem av sitt hjertes gode forråd, og et ondt menneske bærer det onde frem av sitt onde forråd; for hva hjertet flyter over av, det taler hans munn." Hvis 'hat' eksisterer i hjertet, vil det vise seg som 'spydige bemerninger', 'harske ord', eller andre spesielle synder som dette. For å se hvordan ondskapen som ligger i hjertet kommer ut i syndig form, la oss ta en nærmere titt på David og Judas Iskariot.

En natt idet Kong David spaserte langs toppen av taket på hans palass, så han en kvinne som badet og ble fristet. Han tilkalte henne og begikk så ekteskapsbrudd. Denne kvinnen var Bathsheba, og hennes mann, Uriah, var ikke der fordi han var i krig. Når David fant ut at Bathsheba var gravid, planla han å drepe Uriah ved kampgrunnen og så selv ta Bathsheba som sin egen kone.

David bare utnevnte derfor Uriah for å lede krigen—han drepte ham ikke—men hadde på den tiden som konge, all makten og myndigheten til å ta til seg så mange koner han ville. Men i Davids hjerte, hadde han et klart mål om å få Uriah drept. På denne måten kan du synde når som helst hvis du har ondskap i noen del av ditt hjerte.

På grunn av denne synden døde sønnen som David hadde fått med Bathsheba; og hans andre sønn, Absalom, endte opp med å bedra og forrådet ham. Resultatet ble at David måtte flykte, og Absalom begikk den mest forferdelige gjerningen ved å gå til sengs med hans fars medhustru rett foran hans folk midt på dagen. Etter denne begivenheten, var det mange mennesker i kongerike som døde, inkludert Absalom. Synden med utroskap og mord brakte stor oppstandelse for David og folket hans.

Judas Iskariot, en av Jesus tolv disipler, er et viktig eksempel på en bedrager. I løpet av de tre årene som han tilbrakte sammen med Jesus, så han alle slags mirakler som bare kunne skje ved Guds makt. Han tok seg av pengepungen blant disiplene, og han hadde problemer med å bli kvitt grådigheten i hans hjerte, så fra tid til annen tok han penger ifra pungen og brukte det på seg selv. Til slutt fikk hans grådighet ham til å bedra hans lærer, og hans egen samvittighet gjorde til at han hang seg selv.

Så hvis du har ondskap i hjertet, vet du aldri i hvilken form den vil vise seg. Selv om det er en liten ondskap, kan Satan arbeide seg gjennom den for å få deg til å synde slik at du ikke selv kan unngå det, hvis din ondskap vokser. Du vil kanskje ende opp med å bedra en annen person, eller til og med Gud. En slik ondskap vil gi deg og menneskene rundt deg smerter og lidelser. Dette er grunnen til at du må hate det onde og kaste bort selv den minste form for ondskap. Hvis du hater det onde, da vil du automatisk holde deg vekk ifra den ondskapen, du vil ikke tenke på det, og du vil ikke utføre den. Du vil bare gjorde gode ting. Det er derfor Gud ba oss å hate det som er ondt.

Grunnen til at vi blir syke, får prøvelser og vanskeligheter, er fordi vi gjorde kjødelig arbeide ved å tillate djevelen inne i vårt hjerte til å utføre synd utvendig. Hvis vi ikke styrer vårt hjerte og gjør syndig arbeide, da er vi ikke annerledes enn dyr i Guds øyne. Hvis dette er tilfelle, vil Gud vise Hans vrede, og Han vil straffe oss slik at vi kan bli mennesker igjen, og ikke være lik dyr.

### For å kaste bort ondskap og bli en god person

Prøvelser og vanskeligheter kommer ikke bare på grunn av uriktige tanker eller kjødelige ting som sitter i hjertene våre. Men tankene kan når som helst bli til kjødelig arbeide (syndige handlinger), så vi må derfor bli kvitt de kjødelige tingene.

Over alt annet, er det ondskapen blant alle ondskaper, hvis vi ikke tror på Gud selv etter at vi har sett Hans åpenbarte mirakler. I Matteus 11:20-24, avviste Jesus byene hvor Han hadde gjort de fleste miraklene, fordi de ikke angret. Jesus sa til Corazon og Bethsaida, "Ve til deg," og Han advarte dem, "Det vil bli mer akseptabelt for Tyra og Sidon på dommedagen enn det vil være for deg." Og til Kapernaum sa Han, "Det vil bli mer akseptabelt for Sodomaa på dommedagen enn det vil bli for deg."

Tyra og Sidon refererer til to vennlige byer. Bethsaida og Corazon er israelske byer nord for havet Galilea. Bethsaida er også hjemme byen til tre av disiplene: Peter, Andrew, og Phillip. Det er her Jesus åpnet øynene til en blind mann, og hvor Han utførte det store mirakel med de to fiskene og de fem loffene som Han matet 5,000 menn med. Siden de var vitne til mirakler som ga dem mer enn nok bevis for å kunne tro på Jesus, burde de ha fulgt, angret, og kastet vekk deres ondskap fra hjertene deres ifølge Hans lære. Men dette gjorde de ikke. Derfor ble de straffet.

Det samme gjelder oss her i dag. Hvis en person er vitne til tegn og under som blir utført av en av Guds personer og han eller henne vil fremdeles ikke tro på Gud, men vil istedenfor dømme og fordømme situasjonen eller Guds person, da vil personen demonstrere bevis på at det finnes ondskap inne i hans hjerte. Så hvorfor har mennesker så vanskelig med å tro? Det er fordi de burde undertrykke og kaste bort de kjødelige tingene, men det gjør de ikke. Istedenfor holdt de seg til kjødelig gjerninger og syndet. Jo mer de syndet, jo mer ufølsomme og harde ble hjertene deres. Deres samvittighet ble følelsesløs og ble til slutt svidd som om de brukte et veldig varmt jern.

Selv om Gud demonstrerte mirakler som de kunne se, kan slike mennesker ikke oppnå en forståelse og så tro. Siden de ikke forstår, kan de ikke angre, og siden de ikke angrer, kan de ikke akseptere Jesus Kristus. Dette er i likhet med en person som stjeler. Først vil personen være redd for å stjele til og med små ting; men etter at de har gjentatt gjerningen et par ganger, vil han ikke engang føle et sting av samvittighet etter at han har stjålet noe stort, fordi hans hjerte har blitt hardt gjennom prosessen.

Hvis vi elsker Gud, er det bare riktig at vi avskyr ondskap og klinger oss til det gode. For å kunne gjøre dette, må vi først stoppe med å gjøre kjødelige gjerninger og også kaste bort alle de kjødelige tingene fra vårt hjerte.

Og når vi er i gang med å kaste bort våre synder og ondskap, da kan vi bygge et forhold til Gud og motta Hans kjærlighet (1. Johannes 1:7, 3:9). Ansiktene våre vil alltid vise en overflytende lykke og takknemlighet, vi kan motta helbredelse fra alle slags sykdommer, og vi kan motta løsninger på alle problemer vi har i våre familier, arbeide, handel, osv.

## En ond og bedragersk generasjon som hele tiden håper på et tegn

I Matteus 12:38-39, kan vi se når noen av skribentene og fariseerne ber Jesus om å vise dem et tegn. Jesus sa da til dem at en ond og bedragersk generasjon vil forlange å se et tegn. Det er for eksempel mennesker som sier, "Hvis Du viser meg Gud, da vil jeg tro på Deg," eller "Hvis Du vekker opp en død person, da vil jeg tro." Disse mennesker sier ikke noe slikt med et uskyldig hjerte som virkelig søker etter å kunne tro. De sier dette fordi de tviler.

Så denne tendensen de har med å ikke tro på sannheten, eller tendensen til å utstøte eller tvile på noen som er bedre enn dem selv, eller ønske om å avvise alt som ikke er i overenstemmelse med deres egne tanker eller synpunkter, vil alt komme fra en åndelig utroskapelig natur. Mens de nekter om å tro, vil menneskene som befaler om å se et tegn pønske på og prøve hardt å fiske ut en slags feil med Jesus—for å kunne bestride og fordømme Ham.

Jo mer selvgod, arrogant, og egoistisk mennesker er, jo mer utro vil den generasjonen bli. Idet dagens sivilisasjon blir mer og mer avansert, vil fler og fler folk kreve å si tegn. Men det er så mange mennesker som ser tegn og fremdeles ikke tror? Ikke rart at denne generasjonen blir kritisert for å være en ond og utro generasjon! Hvis du hater ondskap, da vil du ikke være ond. Hvis du får avføring på kroppen, da vil du vaske det vekk. Synd og ondskap, som vil nedbryte sjelen og dra den imot døden, er til og med mer skittent, lukter mer, og er verre enn avføring. Vi kan ikke sammenligne det syndige griseriet til avføringens griseri. Så hva slags type ondskap burde vi hate? I Matteus 23. kapittel, Jesus klandret skribentene og fariseerne ved å si, "Ve til deg..." Han bruker frasen "Ve til deg," som betegner at de ikke vil motta frelse. Og vi vil dele grunnene inn i sju kategorier og studere dem nærmere.

### Formen for ondskap som vi burde avsky

#### 1. Å lukke døren til Himmelen slik at ingen andre kunne komme inn

I Matteus 23:13, sier Jesus, "Men ve dere, dere skriftlærde og fariseere, dere hyklere, dere som lukker himlenes rike for menneskene! for selv går dere ikke der inn, og dem som er i ferd med å gå der inn, tillater dere ikke å gå inn."

Skribentene og fariseerne visste og skrev ned Guds ord og gjorde som om de holdt ved Guds ord. Men hjertene deres var harde, og de gjorde Guds arbeide overfladisk—så e ble derfor irettesatt. Selv om de hadde alle den formelle kompetansen for hellighet, var hjertet deres fullt av ulovligheter og ondskap. Når de så at Jesus utførte mirakler som ikke er mulig for mennesker, tryllet de frem alle slags onde planer for å sette seg opp imot Ham istedenfor å juble og anerkjenne hvem Han var. De ledet Ham til og med til døden. Dette er også sant for mennesker i dag. Mennesker som sier at de tror på Jesus Kristus men som fremdeles ikke lever et eksemplarisk liv, faller in i denne kategorien. Hvis du får noen til å si, "Jeg vil ikke tro på Jesus på grunn av mennesker som deg," da er du en person som stenger himmelens kongerike ifra mennesker. Du kommer ikke bare ikke inn i Himmelen; men du er også grunnen til at andre heller ikke kan komme inn.

Mennesker som sier at de tror på Gud, men som fortsetter med å kompromittere med denne verden, er også mennesker som Jesus vil irettesette. Hvis en person med en kirke tittel som har en stilling som lærer viser hat imot en annen person, blir sint, eller er ulydig, hvordan kan så en ny kristelig se på denne personen og stole på ham, for ikke å snakke om respektere ham? De vil heller mer sannsynlig bli skuffet og kanskje til og med miste troen deres. Hvis blant de ikke troende det finnes koner eller menn som prøver å vokse i troen, og de enten fordømmer dem eller får dem til å gjøre noe ondt og deltar i synden, vil de også motta irettesettelsen "Ve til deg".

### 2. Når en blir en proselytt, vil de bli dobbelt så mye Helvetes sønn som deg

I Matteus 23:15, Jesus sa, "Ve dere, dere skriftlærde og fariseere, dere hyklere, dere som farer over hav og land for å vinne en eneste tilhenger, og når han er blitt det, gjør dere ham til et helvetes barn, to ganger verre enn dere selv er!"

Det er et gammelt sagn som sier at hvis en svigerdatter blir behandlet dårlig av hennes svigermor, da vil hun behandle sin egen svigerdatter enda verre. Det en person ser og erfarer blir sittende inne i hans hukommelse, og underbevist vil han oppføre seg ifølge hva han før har erfart. Det er derfor veldig viktig hvem du lærer ting fra og hva de lærer deg. Hvis du lærer å være en kristen fra mennesker som skribenter og fariseere, da er det på samme måte som når de blinde leder de blinde. Du vil med andre ord havne i ondskapen sammen med dem.

Hvis en leder alltid dømmer og fordømmer andre, sladrer og er negativ, da vil også de troende som lærer av ham bli flekket med hans gjerninger, og de vil sammen gå den dødelige veien. I dagens samfunn vil barn som vokser opp i hjem hvor foreldrene deres hele tiden slåss og hater hverandre ha en høyere sjanse om å bli ledet på villspor enn barn som vokser opp i fredsomme hjem.

Foreldre, lærere, og andre ledere burde derfor over alle andre være bedre eksempler. Hvis disse menneskenes ord og handlinger ikke er eksemplariske, kan de virkelig få andre mennesker til å snuble. Det finnes til og med tilfeller i kirken hvor en tjener eller en leder ender opp med å blokkere oppvekkelsen eller veksten i deres lille gruppe, avdeling, eller organisasjon fordi de ikke er et godt forbilde. Vi må innse at hvis vi gjør noe slikt, vil vi ikke bare være grunnen til at vi selv blir sønner av Helvete, men blir også grunnen til at andre blir det.

## 3. Å levere Guds vilje på feil måte på grunn av grådighet og falskhet

I Matteus 23:16-22, sa Jesus, "Ve dere, dere blinde veiledere, som sier: Om noen sverger ved templet, det er intet; men den som sverger ved gullet i templet, han er bundet! Dere dårer og blinde! Hva er størst, gullet, eller templet som helliger gullet? Og: Om noen sverger ved alteret, det er intet; men den som sverger ved den offergave som ligger på det, han er bundet. Dere blinde! hva er størst, offergaven, eller alteret som helliger gaven? Derfor, den som sverger ved alteret, han sverger ved det og ved alt det som ligger på det, og den som sverger ved templet, han sverger ved det og ved ham som bor i det, og den som sverger ved himmelen, han sverger ved Guds trone og ved ham som sitter på den."

Dette budskapet er en irettesettelse imot de som falskt underviser Guds vilje gjennom grådighet, bedrageri, og egoisme i deres hjerter. Hvis noen gir et ve eller et løfte til Gud, burde lærerne lære dem hvordan de skal holde dette løfte, men istedenfor lærte lærerne menneskene å holde på løfte de hadde gitt i henhold til penger, eller materialistiske eiendeler. Hvis en prest forsømmer å lære mennesker å leve i sannheten og bare gi trykk på ofringer, da er han en leder som har blitt blind.

Før alt annet, må en leder lære mennesker om å angre på deres synder, kultivere Guds rettferdighet, og så komme inn til himmelens kongerike. Å sette et ed ved tempelet, Jesus Kristus, alteret, og den Himmelske Tronen er et og det samme, så vi må derfor trygt bevare denne eden.

### 4. Å forsømme den tyngre klargjøringen av Loven

I Matteus 23:23-24, sier Jesus, "Ve dere, dere skriftlærde og fariseere, dere hyklere, dere som gir tiende av mynte og anis og karve, og ikke enser det som veier tyngre i loven: rett og barmhjertighet og trofasthet! Dette burde gjøres, og det andre ikke lates ugjort. Dere blinde veiledere, som avsiler myggen, men sluker kamelen!"

En person som virkelig tror på Gud vil gi hele tiendedeler. Hvis vi gir hele tiendedeler, da mottar vi velsignelser; men hvis vi ikke gir det, vil vi stjele ifra Gud (Malaki 3:8-10). Ja skribentene og fariseerne ga deres tiendedeler; men Jesus straffet dem fordi de forsømmet rettferdighet, barmhjertighet, og trofasthet. Så hva betyr det så å forsømme rettferdighet, barmhjertighet, og trofasthet?

'Rettferdighet' er det å kaste bort synd, leve ifølge Guds Ord, og være lydig overfor Ham gjennom troen. Å være 'lydig' ifølge verdslig standard, er å adlyde og gjøre det du kan. Men i sannheten er det å være 'lydig' å adlyde og gjøre ting som virker helt umulig å gjøre.

I Bibelen adlød de profetene som Gud hadde anerkjent, Hans ord gjennom troen. De delte Røde Havet, ødela veggen i Jeriko, og stoppet strømmen i Jordan Elven. Hvis de hadde tenkt med deres menneskelige tanker, ville disse tingene aldri ha skjedd. Men gjennom troen adlød de Gud og gjorde dem mulige.

'Barmhjertighet' er å oppfylle hele din menneskelige forpliktelse. Det er visse moraler og etikker her i verden som mennesker kan holde seg til for å holde seg selv menneskelige. Men disse normer er ikke perfekte. Selv om en person virker kultivert og raffinert på utsiden, kan vi ikke si at han virkelig er raffinert hvis han har ondskap inne i seg. For at vi virkelig kan leve et verdig liv, må vi holde alle de menneskelige forpliktelser, som er det å adlyde Guds budskap (Forkynneren 12:13).

'Trofasthet' er å delta i Guds guddommelige natur gjennom troen (2. Peter 1:4). Guds formål med å skape himlene og jorden, alle tingene inne dem, og menneskene, er å motta sannferdige barn som reflekterer Hans hjerte. Gud ba oss om å bli sannferdige, på samme måte som Han selv, og å være perfekte, siden Han er perfekt. Vi burde ikke bare virke hellige på utsiden. Bare ved å kaste bort den ondskapen vi har i hjertet og fullstendig holde oss til Hans budskap, kan vi virkelig delta i Guds guddommelige natur.

Men skribentene og fariseerne på Jesus tid forsømte rettferdighet, barmhjertighet, og trofasthet, og la bare vekt på ofringer. Gud er mye mer tilfreds med et angrende hjerte, istedenfor ofringer som blir ofret med usanne hjerter (Salmenes bok 51:16-17). Men de underviste noe som ikke var på samhold med Guds vilje. En person som sitter i en stilling som lærer burde først peke på menneskenes synder, hjelpe dem å bære frukter ved å angre, og føre dem slik at de kan ha fred med Gud. Etter dette burde de lære dem om det å gi tiendedeler, formaliteten med gudstjeneste, bønner, osv., helt til oppnår en fullstendig frelse.

### 5. Å holde utsiden ren mens en på innsiden er full av stjeling og egoistisk nytelse

I Matteus 23:25-26, sier Jesus, "Ve dere, dere skriftlærde og fariseere, hyklere! Dere som renser beger og fat utvendig, men innvendig er de fulle av rov og griskhet! Du blinde fariseer! rens først begeret og fatet innvendig, for at det også kan bli rent utvendig!"

Når dere kikker på et klart glass av krystall, er det veldig rent og vakkert. Men avhengig av hva du putter inn i koppen, kan den bli vakrere, eller den kan bli mer flekket. Hvis den blir fylt med skittent vann, vil den bare bli en skitten kopp. På samme måte er det hvis noen virker som om de er Guds barn på utsiden, vil Gud se all smusset på innsiden, og se på ham som flekket hvis hans hjerte er fylt med ondskap.

Også i menneskenes forhold, samme hvor ren, godt kledd, og godt kultivert et menneske vil være på utsiden, vil vi føle oss urene og skamme oss hvis vi finner ut at de er fulle av hat, misunnelse, sjalusi, og all slags ondskap. Så hvordan ville Gud føle seg, Han som er selve rettferdigheten og sannheten, når Han ser mennesker som dette? Vi må derfor ta hensyn til Guds Ord og angre på all utsvevelsen og grådigheten, og jobbe hardt med å få et rent hjerte. Hvis vi oppfører oss i henhold til Guds Ord og fortsetter å kaste bort våre synder, da vil vårt hjerte bli rent, slik at vårt utvendige utseende vil helt naturlig bli rent og hellig.

### 6. Å være på samme måte som hvitvaskede graver

I Matteus 23:27-28, sier Jesus, "Ve dere, dere skriftlærde og fariseere, dere hyklere, som utvendig er fagre å se til, men innvendig er fulle av de døde menns ben og all urenhet! Således synes også dere utvendig rettferdige for menneskene, men innvendig er dere fulle av hykleri og urettferdighet."

Samme hvor mye penger du bruker på å prøve å gjøre en grav vakker, hva er inne i den? Et råtnende skillet som snart vil bli til en hånd med støv! En hvitvasket grav vil derfor symbolisere hyklerne som bare er godt velstelt på utsiden. De ser godt ut, er ydmyke, og friske på utsiden, de råder og straffer andre, mens de på innsiden egentlig er fulle av hat, misunnelse, sjalusi, utroskap, osv.

Hvis vi tilstår at vi tror på Gud og vi holder på hatet i vårt hjerte idet vi fordømmer andre, da kan vi se flekkene i andre menneskers øyne men kan ikke se planken i vårt eget øye. Det er dette som kan bli sett på som hykleri. En kan også si dette om de ikke troende. Å ha et hjerte som lener seg mot det å bedra ens mann eller kone, forsømme ens barn, eller å ikke ære ens foreldre, mens en håner sannheten og kritiserer andre, er også en hyklende handling.

## 7. Anse deg selv som rettferdig

I Matteus 23:29-33, sier Jesus, "Ve dere, dere skriftlærde og fariseere, dere hyklere, dere som bygger profetenes graver og pryder de rettferdiges gravsteder og sier: 'Hadde vi levd i våre fedres dager, da hadde vi ikke vært medskyldige med dem i profetenes blod!' Så gir dere da dere selv det vitnesbyrd at dere er deres barn som slo profetene ihjel; fyll da også deres fedres mål! Dere slanger! Dere ormeyngel! hvorledes kan dere unnfly helvetes dom?"

De hyklerske skribentene og fariseerne bygget graven til profetene og pryder de rettferdiges gravsteder og sa: "Hadde vi levd i våre fedres dager, da hadde vi ikke vært medskyldige med dem i profetenes blod!" Men denne tilståelsen er ikke sann. Disse skribentene og fariseerne visste ikke at dette var Jesus, Han som hadde kommet hit som vår Frelser, men de avviste Ham, og drepte Ham til slutt med å spikre Ham på korset. Hvordan kunne de så kalle seg selv mer rettferdige enn deres forfedre?

Jesus straffet disse hyklerske ledere ved å si, "Fyll dere så opp med målingen av deres forfedres skyldfølelse." Når en person synder, vil han føle seg skyldig og stoppe å synde hvis han har en hint av samvittighet. Men det finnes også de mennesker som aldri vil snu seg vekk ifra deres onde gjerninger. Det er dette Jesus mente når Han sa "fylle det opp". De ble djevelens barn, slangenes avkom, og ble bare ondere.

På samme måte er det hvis er person hører sannheten og føler litt samvittighet, og ser på seg selv som rettferdig og nekter derfor å angre. Da er han ikke noe annerledes enn den personen som fyller opp like my skyldfølelse som hans forfedre hadde gjort. Jesus sa at hvis disse menneskene ikke angrer og bærer den angrende frukten, da kan de ikke rømme ifra Helvetes dommen.

Vi må derfor overveie oss selv ved straffen som Jesus ga til skribentene og fariseerne og se om dette er noe som angår oss, og hurtig bli kvitt disse tingene. Jeg håper at du, leseren, vil bli et rettferdig menneske som hater ondskap og som klinger seg til det gode, og derfor gir all æren til Gud og nyter et velsignet liv—like mye som ditt hjerte ønsker!

## Ordliste og en ytterlige forklaring

### Hva er 'menneskelig kultivasjon'?

'Kultivering' er en prosess hvor en bonde sår et frø, tar vare på det, og lar den bære frukt. For å kunne få sannferdige barn, plantet Gud Adam og Eva her i denne verden som den første frukten. Etter Adams nedfall, ble mennesker syndere, og etter at de mottok Jesus Kristus og ved hjelp av den Hellige Ånd, kunne de få tilbake Guds sanne speilbilde som før en gang hadde vært inne i dem. Så hele prosessen med at Gud skapte menneske og overså menneskenes hele historie opp til den siste dommen er kalt ☐menneskelig kultivering'.

### Forskjellen mellom 'kroppen', det 'kjødelige', og de kjødelige tingene'

Når vi normalt refererer til menneske kroppen, bruker vi benevnelsene 'kropp' og 'kjøtt' om hverandre. Men i Bibelen har hver og en av disse ordene en spesiell åndelig betydning. Det er til tider hvor 'kjøtt' blir brukt simpelthen for å beskrive menneske kroppen, men åndelig vil det referere til de ting som vil råtne, endre seg, er skitne og stygge.

Den første personen, Adam, var en levende ånd, og han hadde ingen synd i det hele tatt. Men etter at han hadde blitt fristet av Satan om å spise frukten under kunnskapen om det gode og det onde, måtte han nå erfare døden, fordi syndens belønning er døden (1. Mosebok 2:17; Romerne 6:23). Gud plantet kunnskapen om livet og sannheten inne i menneske når Han skapte dem. Formen til menneske uten sannheten, som lekket ut etter at Adam syndet, blir referert til som 'kroppen'. Og den syndige naturen kombinert med denne kroppen blir referert til som 'det kjødelige'. Dette kjøttet har ikke en synlig form, men den har en syndig natur som kan bli provosert og vise seg når som helst.

### Jorden i menneskets hjerte

Bibelen setter jorden i menneskenes hjerte inn i forskjellige kategorier: ved veikanten, den steinete jorden, jorden full av torner, og den gode jorden (Markus 4. kapittel).

Jorden ved veikanten reflekterer et hard hjerte som er fult av træler. Selv om det blir plantet et frø av Guds Ord inn i et slikt hjerte, kan ikke frøene spire, og den kan ikke få frukter; derfor kan en slik person ikke motta frelse.

Den steinete jorden reflekterer en person som forstår Guds Ord i hodet, men som ikke helt kan tro på det i hjerte. Mens de hører på Ordet, vil de kanskje forplikte seg til å anvende det de har lært, men når de møter vanskeligheter, kan de ikke holde på troen deres.

Den tornete jorden refererer til hjertet til en person som hører på, forstår, og anvender Guds Ord i livene deres, men de kan ikke overvinne denne verdens fristelser. Han er fristet av denne verdens engstelser, grådighet, og kjødelig begjær, slik at prøvelser og vanskeligheter vil oppstå, og han kan derfor ikke vokse åndelig.

Den gode jorden reflekterer en persons hjerte som vil gi 30, 60, 100 ganger så mange frukter når de mottar Guds Ord, og de vil alltid motta Guds velsignelser og svar deretter.

## Rollen til Satan og djevelen

Satan er en skapning som har makten over mørket som får mennesker til å gjøre onde ting. Den har ingen spesiell utforming. Den vil hele tiden spre dens mørke hjerte, tanker, og ens makt for å oppnå en ondskap i luften i likhet med radioaktivitet. Og når usannheten inne i et menneskets hjerte fanger dens frekvens, da vil den bruke menneskets tanker for å helle dens mørke makt inn i ham. Det er dette vi kaller "å motta Satans arbeide", eller "å høre på Satans stemme".
Djevelen er en del av englene som falt ned sammen med Lucifer. De blir kledd i sort, og den har ansikt uttrykk og hender og føtter akkurat som en person eller en engel. Den tar ordre ifra Satan og vedlikeholder og gir befalinger til mangfoldige demoner om å gi sykdommer til mennesker og få dem til å falle inn i synd og ondskap.

## Karakteren av et kar og karakteren av et hjerte

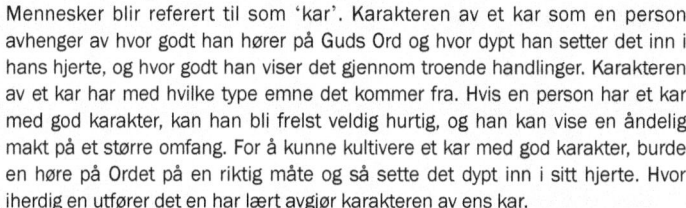

Mennesker blir referert til som 'kar'. Karakteren av et kar som en person avhenger av hvor godt han hører på Guds Ord og hvor dypt han setter det inn i hans hjerte, og hvor godt han viser det gjennom troende handlinger. Karakteren av et kar har med hvilke type emne det kommer fra. Hvis en person har et kar med god karakter, kan han bli frelst veldig hurtig, og han kan vise en åndelig makt på et større omfang. For å kunne kultivere et kar med god karakter, burde en høre på Ordet på en riktig måte og så sette det dypt inn i sitt hjerte. Hvor iherdig en utfører det en har lært avgjør karakteren av ens kar.
Ens hjertes karakter er avhengig av hvor bred det hjerte en bruker er, og størrelsen på karet. Det er tilfeller hvor 1) en går utenom ens kapasitet, 2) en bare fyller ens kapasitet, 3) en motvillig fyller så lite av kapasiteten en kan, og 4) et tilfelle hvor en er bedre stilt hvis en ikke begynner sitt arbeide i første omgang på grunn av alt det onde en har gjort. Hvis ens hjertes karakter er lite og manglende, må han eller henne arbeide med å omvende det til et bredere og større hjerte.

## Rettferdighet i Guds øyne

Det første nivået med rettferdighet er å bli kvitt syndene. På dette nivået vil personen bli tilgitt ved å akseptere Jesus Kristus og motta den Hellige Ånd. Så vil han oppdage sine synder og iherdig be om å kaste disse syndene vekk. Gud er tilfreds med en slikt oppførsel, og vil svare på denne personens bønner og så velsigne ham.
Det andre nivået med rettferdighet er det å holde på Ordet. Etter at en har kastet bort syndene, kan han bli fylt med Guds Ord inne i seg, og han kan så leve etter det. Hvis han for eksempel hørte et budskap om å ikke hate noen, vil han kaste bort hat og streve hardt om å elske alle. Det er på denne måten han adlyder Guds Ord. På denne tiden mottar han velsignelser med å hele tiden være frisk, og alle hans bønner blir besvart.
Det tredje nivået med rettferdighet er det å tilfredsstille Gud. På dette nivået vil en ikke bare kaste vekk synden, men han vil også hele tiden oppføre seg ifølge Guds vilje. Og han vil dedikere sitt liv til å fullføre hans tilkallelse. Hvis en person når dette nivået, da vil Gud til og med svare på hans minste ønsker.

# Angående Rettferdighet

"...og vedrørende rettferdighet, fordi Jeg går til Faderen
og du kan ikke lenger se Meg;"
(Johannes 16:10)

*"Da trodde han på HERREN; og Han beregnet det som rettferdig."*
*(Første Mosebok 15:6)*

*"For jeg sier til dere at hvis ikke deres rettferdighet er bedre enn den til skribentene og fariseerne, da vil dere ikke komme inn i himmelens kongerike."* *(Matteus 5:20)*

*"Men nå er Guds rettferdighet, som loven og profetene vitner om, åpenbart uten loven, det vil si Guds rettferdighet ved troen på Jesus Kristus for alle og over alle som tror. For det er ingen forskjell;* *(Romerne 3:21-22)*

*"...å bli fylt med frukten fra rettferdigheten som kommer gjennom Jesus Kristus, til Guds ære og lovprisning."* *(Filipensene 1:11)*

*"...så ligger da rettferdighetens krans rede for meg, den som Herren, den rettferdige dommer, skal gi meg på den dag, men ikke meg alene, men alle som har elsket Hans åpenbarelse. (2. Timoteus 4:8)*

*"... og Skriftene som ble fullført sier, "Og Abraham trodde på Gud, og han så på det som rettferdig," og han ble så kalt Guds venn."* *(Jakob 2:23)*

*"Ved dette kan Guds barn og djevelens barn kjennes: hver den som ikke gjør rettferdighet, er ikke av Gud, heller ikke den som ikke elsker sin bror."* *(1. Johannes 3:10)*

# 6. Kapittel

# Rettferdighet Som Fører til Livet

*"Altså: likesom éns fall ble til fordømmelse for alle mennesker, således ble også éns rettferdige gjerning til livsens rettferdiggjørelse for alle mennesker."*
*(Romerne 5:18)*

Jeg møtte den levende Gud etter sju år hvor jeg var sengeliggende på grunn av sykdom. Jeg mottok ikke bare helbredelse for alle mine sykdommer gjennom ilden fra den Hellige Ånd, men etter at jeg hadde angret på mine synder, fikk jeg også et evig liv hvor jeg kan leve i all evighet i Himmelen. Jeg var så takknemlig for Guds nåde at fra den tiden hvor jeg gikk i kirken, stoppet jeg med å drikke, og jeg stoppet også med å servere andre drinker med alkohol.

Det fantes en gang hvor en av mine slektninger gjorde narr av kirkene. Siden jeg ikke kunne holde meg selv, sa jeg sint, "Hvorfor prater dere dårlig om Gud og snakker negativt om kirken og presten?" Som en ung kristen, trodde jeg at mine handlinger var riktige. Bare senere innså jeg at mine handlinger ikke var riktig. Rettferdigheten som jeg så den tok ledelsen istedenfor den rettferdigheten som var i Guds øyne. Dette resulterte i krangel og strid.

I en slik situasjon, hva var riktig i Guds øyne? Det var det å prøve å forstå den andre personen gjennom kjærlighet. Hvis du bare kikker på det fakta at de oppfører seg på den måten fordi de ikke kjenner Herren og Gud, da er det ingen grunn til å opprøre seg over dette. En virkelig rettferdighet er å be for dem gjennom kjærlighet og så søke etter en klok måte å forkynne dem og lede dem slik at de kan bli Guds barn.

### Rettferdighet i Guds øyne

2. Mosebok 15:26 sier, "Dersom du hører på Herren din Guds røst, og gjør det som er rett i Hans øyne..." Dette verset forteller oss om det fakta at rettferdigheten i menneskenes øyne og rettferdigheten i Guds øyne er veldig forskjellig.

I vår verden, er det å ta hevn ofte sett på som rettferdig. Verden ser også på det som rettferdig når noen slåss for det de selv tror er riktig, selv om de må ødelegge freden med andre mennesker. Men Gud ser ikke på en person som rettferdig når han ødelegger freden med andre bare på grunn av at han tror han selv har rett.

Samme hvor mye ondskap du har i ditt hjerte her i denne verden som for eksempel hat, uenighet, misunnelse, sjalusi, sinne, og selvgodhet, vil ingen kalle deg urettferdig så lenge du ikke bryter noen av landets lover og du ikke er syndig i din oppførsel.

Men selv om du ikke synder mer i dine handlinger, vil Gud si at du er et urettferdig menneske, hvis du har ondskap i ditt hjerte. Menneskers syn på rettferdighet og urettferdighet varierer blant forskjellige personer, steder, og generasjoner. Så for at vi kan sette en virkelig standard for det som er rettferdig og det som er urettferdig, må vi holde oss til Guds standard. Det som Gud sier er rettferdig er den virkelige rettferdigheten.

Så hva gjorde Jesus? Romerne 5:18 sier, "Altså: likesom éns fall ble til fordømmelse for alle mennesker, således ble også éns rettferdige gjerning til livsens rettferdiggjørelse for alle mennesker." Her er den "ene overtredelse" Adams synd, alle menneskenes far, og "den eneste rettferdige handlingen" er Jesus lydighet, Guds Sønn. Han fullførte den rettferdige gjerningen med å lede mennesker mot livet. La oss studere litt videre i detaljer om hva denne rettferdigheten er som leder mennesker imot livet.

### Den ene rettferdighets gjerningen som redder alle menneskene

I 1. Mosebok 2:7, kan vi lese at Gud skapte den første mannen, Adam, i Hans speilbilde. Så pustet Han inn i deres nesebor og gjorde ham til et levende vesen. Akkurat som et nyfødt barn, hadde det ikke blitt registrert noe inne i dem. Han var en frisk og ny begynnelse. Akkurat som et barn som vokser og begynner å samle opp og bruke kunnskapen gjennom det han hører og ser, lærte Gud ham om hele universets harmoni, loven til det åndelige riket, og sannheten.

Gud lærte Adam alt det han skulle vite for å kunne leve som

alle skapningenes herre. Det var bare en ting Gud ikke tillot. Adam kunne spise fra hvilket som helst tre i Edens Have, unntatt fra treet med kunnskapen om det gode og det onde. Gud advarte ham sterkt om at den dagen han spiste ifra dette treet, ville han dø (1. Mosebok 2:16-17). Men etter lang tid glemte han dette og falt inn i fristelsen fra slangen og spiste av den forbudne frukten. På grunn av dette ble hans kommunikasjon med Gud brutt, og akkurat som Gud hadde sagt, "Du vil dø," døde Adams ånd, som var en levende ånd. Siden han ikke adlød Guds Ord men istedenfor hørte på ordene til fiende djevelen, ble han nå en av djevelens barn.

I 1. Johannes 3:8 står det, "Han som praktiserer synd er djevelen; for djevelen har syndet helt fra begynnelsen." Og Johannes 8:44 sier, "Dere har djevelen til far, og dere vil gjøre deres fars lyster. Han var en morder fra begynnelsen og står ikke i sannheten; for sannhet er ikke i ham. Når han taler løgn, taler han av sitt eget, for han er en løgner og løgnens far."

Hvis Adam er den som syndet og var ulydig, hvorfor er så hans etterkommere også syndere? Et barn har det med å ta etter sine foreldre, spesielt i deres utseende. Men hans personlighet og til og med måten han går på kan også være i likhet med hans foreldre. Dette er fordi et barn arver noe som blir kalt hans foreldres "psykiske energi", eller "ånd", eller "sinnstilstand", og akkurat som livets makt blir overført til barnet, vil også den syndige naturen til foreldrene bli overført (Salmenes bok 51:5). Et nyfødt barn blir ikke opplært av noen å skrike og bråke seg, men vil gjøre det på egen hånd. Dette er fordi han har en syndig egenskap inne i hans sjel som hadde blitt overført fra generasjon til generasjon, helt ifra Adam.

I tillegg til den opprinnelige synden som vi arver, vil vi også fortsette med å begå synder på egen hånd, så vårt hjerte blir bare mer og mer flekket av synder. Da vil han igjen overføre dette til hans barn. Etter som tiden går vil verden bare bli fylt med synd. Så hvordan kan menneske, som har blitt djevelens barn, gjenopprette sitt forhold til Gud?

Gud visste ifra begynnelsen at menneskene ville synde. Han forberedte derfor hans forsyn om frelse og holdt det gjemt. Menneskenes frelse gjennom Jesus Kristus var en hemmelighet som hadde blitt gjemt siden tidens begynnelse. Så Jesus Kristus, som var uten flekker og blemmer, tok til seg forbannelsen og hang på korset for å åpne veien for menneskenes frelse, fordi vårt mål hadde blitt døden. Gjennom denne rettferdige gjerningen av Jesus Kristus, ble mange mennesker som før hadde syndet satt fri fra døden og fikk så livet tilbake.

### Begynnelsen av rettferdigheten er å tro på Gud

"Rettferdighet" er å holde seg på overenstemmelse med dyden eller moralen. Men "rettferdighet" ifølge Gud er å holde seg til troen på grunn av deres ærbødighet overfor Ham, å kaste vekk synden og holde på Hans budskap (Forkynneren 12:13). Men over alt annet, vil Bibelen si at det å ikke tro på Gud er en synd (Johannes 16:9). så den simple handlingen om å tro på Gud er en handling om rettferdighet, og det er det første forholdet en må ha for å kunne bli et rettferdig menneske.

Hvordan kan vi kalle en person rettferdig eller anstendig hvis denne personen forsømmer og bedrar hans foreldre som ga ham livet? Mennesker vil peke på ham og kalle ham en synder som ikke har noen som helst respekt for menneskene. Og på samme måte er det hvis en person ikke vil tro på Gud Skaperen, Han som skapte oss, hvis han ikke vil kalle Ham Far, og på toppen av det hele, hvis han holder seg til fiende djevelen—som Gud hater mer enn noe annet—da vil dette bli en stor synd.

Så for å kunne bli et rettferdig menneske, må du først og fremst tro på Gud. Akkurat som Jesus hadde total tro på Gud og holdt på alle Hans ord, må også vi ha tro på Ham og holde på Hans ord. Å ha tro på Gud betyr å tro på det fakta at Gud er Herren over alle skapninger, og er den som skapte hele universet og oss, og som har hele kontrollen over menneskenes liv og død. Det er også det å tro på det fakta at Gud eksisterer i kraft av seg selv, at Han er den første og den siste, begynnelsen og slutten. Det er å tro at Han er den endelige dommeren som har forberedt Himmelen og Helvete, og som vil dømme hver eneste person gjennom rettferdigheten. Gud sendte Hans eneste Sønn, Jesus Kristus til denne verden for å åpne veien til frelse for oss. Så det å tro på Jesus Kristus og motta frelse er, henholdsvis, det samme som å tro på Gud.

Så det er noe som Gud ber om fra alle Hans barn som kommer gjennom døren til frelse. Her i denne verden, må innbyggere i et land holde seg til lovene i det landet. På samme måte er det hvis du har blitt en innbygger i Himmelen. Da må du også adlyde lovene i Himmelen som er Guds Ord, og som er Sannheten. For eksempel, siden 2. Mosebok 20:8 sier, "Husk å holde Sabbaten hellig," burde du adlyde Guds lov og sette den som en topp prioritet ved å holde på hele Sabbaten og ikke kompromittere med verden. Vi burde gjøre dette fordi Gud ser på en slik tro og lydighet som rettferdig.

Gjennom Jesus Kristus vil Gud fortelle oss om den rettferdige loven som leder oss til livet. Hvis vi holder oss til denne loven, da blir vi rettferdige, og vi kan komme til Himmelen og motta Guds kjærlighet og velsignelser.

### Jesus Kristus rettferdighet som vi må etterligne

Selv Jesus som er Guds Sønn, oppfylte rettferdighet ved å fullstendig holde seg til Guds lover. Mer enn noe annet viste Han aldri noen form for ondskap, mens Han oppholdt seg her på jorden. Siden Han var unnfanget av den Hellige Ånd, hadde Han ikke noen opprinnelig synd. Og siden Han ikke hadde noen tanker eller noen form for ondskap, begikk Han heller ingen synder.

Mesteparten av tiden vil mennesker gjøre onde ting fordi de har dårlige tanker. Et grådig menneske vil først tenke, "Hvordan kan jeg bli rik? Hvordan kan jeg få den personens eiendeler til å bli mine?" Og så vil denne personen sette disse tankene inne i seg. Og når hans hjerte blir irritert, vil han mest sannsynlig gjøre onde gjerninger. Siden han er grådig, blir han fristet av Satan gjennom hans tanker; og når han aksepterer denne fristelsen, vil han ende opp med å gjøre onde ting som å bedra, snyte, og stjele.

Jobs 15:35 sier, "De unnfanger ulykke og føder nød, og deres morsliv fostrer svik." Og i 1. Mosebok 6:5 står det at menneskenes ondskap var stor på jorden før Guds dom av verden gjennom oversvømmelsen, og at alle tankene som menneskene hadde inne i seg hele tiden var onde. Siden hjerte er ondt, er også sinnet ondt. Men hvis det ikke finnes noen ondskap i vårt hjerte, da kan Satan ikke arbeide gjennom våre tanker for å friste oss.

Akkurat som det har blitt skrevet om at ting som kommer fra munnen kommer ifra hjertet (Matteus 15:18), hvis hjertet ikke er ondt, kan det ikke komme noe ondt fra det.

Jesus som verken hadde den opprinnelige synden og heller ikke selv begikk noen synder, hadde et hjerte som var fullstendig hellig. Alle Hans gjerninger var derfor alltid gode. Siden Hans hjerte var rettferdig, hadde Han bare rettferdige tanker og han var hele tiden rettferdig. For at vi kan bli rettferdige mennesker, må vi beskytte våre tanker ved å kaste bort den ondskapen vi har i hjertet, og da vil også våre handlinger bli helhjertet.

Hvis vi adlyder og gjør akkurat det Bibelen ber oss om å gjøre "Gjør, ikke gjør, behold, og kast bort", da vil Guds hjerte, eller sannheten, oppholde seg i vårt hjerte slik at vi ikke vil synde gjennom våre tanker. Og våre handlinger vil også bli helhjertet når vi mottar ledelsen og føringen av den Hellige Ånd. Gud sier 'hold søndagen hellig', så vi vil holde søndagen hellig. Han sier 'be, vær kjærlig, og del evangeliet', så vi ber, elsker, og deler evangeliet. Han sier at vi ikke skal stjele eller være utroe, så vi vil ikke gjøre noe av dette.

Og siden Han ba oss om å kaste bort all form for ondskap, vil vi fortsette med å kast bort usannhet som sjalusi, misunnelse, hat, utroskap, bedrageri, osv. Og hvis vi holder oss til Guds Ord, da vil usannheten i vårt hjerte forsvinne og det er bare sannheten som vil bli igjen. Hvis vi drar ut syndens bitre røtter fra vårt hjerte, da kan synden ikke lenger komme inn til oss gjennom våre tanker. Så alt det vi ser, kan vi se ifra godheten og alt det vi kanskje vil si og gjøre kan også bli sagt og gjort fra godheten som kommer fra vårt hjerte.

Salomos Ordspråk 4:23 sier, "Bevar ditt hjerte fremfor alt det som bevares; for livet utgår fra det." Rettferdigheten som fører til liv, eller livets kilde, kommer fra et beskyttet hjerte. For at vi kan oppnå livet, må vi holde rettferdigheten, nemlig sannheten, i vårt hjerte og holde oss til det. Det er på grunn av dette at det er viktig å beskytte ens sinn og hjerte.

Men fordi det finnes så mye ondskap inne i oss, kan vi ikke bli kvitt alt bare med vår egen styrke. I tillegg til våre egne anstrengelser om å kaste bort synden, trenger vi også makten fra den Hellige Ånd. Det er på grunn av dette at vi trenger bønner. Når vi ber iherdig, vil Guds nåde og makt komme over oss og vi vil bli fylt med den Hellige Ånd. Det er slik vi kan kaste bort disse syndene!

Jakob 3:17 sier, "Men visdommen ovenfra er først og fremst ren..." Dette betyr at når vi kaster vekk syndene fra vårt hjerte og bare fokuserer på rettferdigheten, da vil visdommen ovenfra komme over oss. Men samme hvor stor visdommen her i verden vil være, kunne den aldri sammenlignes med visdommen som kommer ovenfra. Visdommen her i verden kommer ifra menneske, som er begrenset og som ikke engang kan se noe i det hele tatt som har med fremtiden å gjøre. Men visdommen som kommer ovenfra blir sent fra Gud den Allmektige slik at vi til og med kan bli kjent med ting som vil skje i fremtiden og så forberede oss på det.

I Lukas 2:40 står det at Jesus 'vokste og ble sterk, og ble klokere'. Det har blitt skrevet ned at innen Han var tolv år gammel, var Han så klok at til og med rabbinere som hadde mye kunnskap om Loven ble forundret med Hans kunnskap. Siden Jesus sinn bare fokuserte seg på rettferdigheten, mottok Han all kunnskapen ovenfra.

1. Peter 2:22-23 sier, "...Han som ikke gjorde synd, og i hvis munn det ikke ble funnet svik, han som ikke skjelte igjen når han ble utskjelt, ikke truet når Han led..." Gjennom dette verset kan vi se hjertet til Jesus. Og i Johannes 4:34, når disiplene brakte mat, sa Jesus, "Min mat er det å gjøre det som Han vil, han som har sent Meg, og for å fullføre Hans arbeide." Siden Jesus hjerte og sinn bare var fokusert på rettferdighet, ble alltid alle Hans gjerninger helhjertet.

Jesus var ikke bare trofast med å gjøre Guds arbeide; Han var også trofast i "alle Guds husholdninger". Selv når Han døde på korset, betrodde Han Jomfru Maria til Johannes, for å være sikker på at hun ville bli tatt vare på. Så Jesus fullførte fullstendig Hans verdslige gjerninger som et menneske, mens Han forkynte evangeliet om himmelens kongerike og helbredet de syke med Guds makt. Han fullførte fullstendig Hans misjon om å komme hit til denne verden ved å bli hengt på korset for å ta seg av menneskenes synder og deres svakheter. Det er slik Han ble menneskenes frelser, kongenes Konge og herrenes Herre.

### Måten vi kan bli en rettferdig person

Hva burde vi så gjøre som Guds barn? Vi må bli rettferdige mennesker ved å holde på Guds lover gjennom våre handlinger. Siden Jesus ble en topp modell for oss alle ved å holde på og praktisere alle Guds lover, må vi gjøre det samme ved å følge Hans eksempel.

Å praktisere Guds lov betyr å holde på Hans budskap og holde oss uten flekker ifølge hans regler. De Ti Budskapene vil være de viktigste eksemplene på Guds budskap. Budskapene kan i en nøtteskall bli sett på som alle Guds budskap som står i de 66 bøkene i Bibelen. Hver av de Ti Budskapene har en dyp åndelig mening i dem. Når vi forstår den virkelige meningen med hver av dem og holder oss til dem, da vil Gud kalle oss rettferdige.

Jesus sier at det største og første budskapet er at vi elsker Gud med hele vårt hjerte, sjel, og sinn. Det andre er at vi elsker våre naboer like mye som oss selv (Matteus 22:37-39). Jesus holdt ved og praktiserte alle disse budskapene. Han kranglet aldri eller skrek høyt ut. Jesus ba hele tiden, samme om det var tidlig på morgenen eller gjennom hele natten. Han holdt også på alle reglene. 'Reglene' refererer til reglene som Gud hadde satt for oss, som det å feire Påsken eller gi tiendedelene. Det finnes et dokument angående Jesus som går opp til Jerusalem for å observere Påsken, akkurat som alle de andre jødene.

De kristne som er åndelige jøder, vil fortsette med å bevare og observere den åndelige meningen med jødenes rituell. De kristne vil omskjære hjerte deres på samme måte som den fysiske omskjæringen skjedde i de Gamle Testamentets tider. De tilba åndelig og sannferdig i gudstjenestene, holdt seg til den åndelige meningen med å gi ofringer til Gud i det Gamle Testamentet. Når vi holder oss til Guds lover og følger dem, da kan vi motta et virkelig sannferdig liv og bli rettferdige. Herren overvant døden og oppstod fra de døde; så vi kan derfor også nyte det evige livet ved å komme frem til den rettferdige oppstandelsen.

### Velsignelsene til de rettferdige

Strid, fiendskap, og sykdommer kommer fordi mennesker ikke er rettferdige. Ulovligheter kommer fordi vi ikke er rettferdige, og så kommer smerter og lidelser. Dette er fordi mennesker mottar djevelens arbeide, syndens far. Hvis det ikke fantes noe ulovligheter, da ville de ikke være noen katastrofer, lidelser, eller vanskeligheter, og denne verden ville virkelig være et vakkert sted. Hvis du også blir et rettferdig menneske i Guds øyne, da vil du motta store velsignelser ifra Ham. Du kan bli en virkelig utrolig og velsignet person.

5. Mosebok 28:1-6 prater i detaljer om dette: "Dersom du nå hører på Herrens, din Guds røst, så du akter vel på å holde alle Hans bud, som jeg gir deg i dag, da skal HERREN din Gud heve deg høyt over alle folkene på jorden. Og alle disse velsignelser skal komme over deg og nå deg, så sant du hører på HERRENs, din Guds røst: Velsignet være du i byen, og velsignet være du på marken! Velsignet være ditt livs frukt og frukten av din jord og frukten av ditt fe, det som faller av ditt storfe, og det som fødes av ditt småfe! Velsignet være din kurv og ditt deigtrau! Velsignet være du i din inngang, og velsignet være du i din utgang!"

Og i 2. Mosebok 15:26 lovte Gud at hvis vi gjør hva som er riktig i Guds øyne, da vil Han ikke gi oss noen av disse sykdommene som Han ga egypterne.

Hvis vi derfor gjør det som er riktig i Guds øyne, da vil vi holde oss friske. Vi kan vokse på alle områder og erfare en evig lykke og velsignelser.

Opp til nå har vi kikket på hva rettferdigheten er i Guds øyne. Så ved å nå oppføre seg i henhold til Guds lover og regler uten noen feil, og leve rettferdig i Guds øyne, håper jeg at du kan erfare Guds fullstendige kjærlighet og velsignelser.

# Ordliste

## Tro og de rettferdige

Det finnes to typer tro: 'åndelig tro' og 'kjødelig tro'. Å ha **'kjødelig tro'** er å bare kunne tro på de ting som stemmer overens med ens egne tanker og kunnskap. En slik tro er en tro uten handling; så det er derfor en død tro som Gud ikke anerkjenner. Å ha **'åndelig tro'** er å kunne tro på alt det som kommer fra Guds Ord, selv om det kanskje ikke stemmer overens med ens egne tanker og kunnskap. Med en slik tro, en person vil oppføre seg ifølge Guds Ord.

En kan bare ha en slik tro hvis Gud gir den til ham, og hver person har en forskjellig målestokk når det gjelder troen (Romerne 12:3). Stort sett kan troen bli kategorisert fra første nivå til femte nivå: På troens første nivå, har en nok tro til å motta frelse, på det andre nivået vil en prøve å oppføre seg ifølge Guds Ord, på det tredje nivået kan en fullstendig oppføre seg ifølge Ordet, på det fjerde nivået har en blitt renset ved å kaste vekk syndene, og elsker Herren høyt, og på det femte nivået har en troen som vil gi Gud en fullstendig lykke.

**'Den rettferdige'** refererer til personer som er rettferdige.

Når vi aksepterer Jesus Kristus og blir tilgitt våre synder gjennom Hans dyrebare blod, da blir vi rettferdiggjort. Dette betyr at vi blir rettferdiggjort gjennom vår tro. Når vi nå kaster bort ondskapen—eller løgnene—fra våre hjerter og strever etter å være sannferdige ifølge Guds Ord, da kan vi omvende oss til virkelige sannferdige mennesker, som vil bli anerkjent av Gud som rettferdige. Gud er veldig glad i rettferdige mennesker som dette, og Han svarer på alle deres bønner (Jakob 5:16).

## 7. Kapittel

# De Rettferdige Skal Leve Ifølge Troen

*"For inne i den vil den rettferdige Gud bli avslørt fra tro til tro; akkurat som det står skrevet, 'Men det rettferdige menneske skal leve ifølge troen.'"*
(Romerne 1:17)

Når noen gjør noe godt for et foreldreløst barn, en enke, eller en nabo i nød, vil mennesker oftere kalle et slikt menneske en rettferdig mann eller kvinne. Når noen virker som om de er ydmyke og snille, holder seg til loven, blir ikke lett sint, og er veldig tålmodig, da vil mennesker gi denne personen komplimenter og si, "Den personen trenger ikke engang regler" Så betyr dette virkelig at denne personen er rettferdig?

Hosea 14:9 sier, "Hvem er vis, så han skjønner dette, forstandig, så han merker seg det? For HERRENs veier er rette, og de rettferdige ferdes på dem, men overtrederne snubler der." Dette betyr at en person som adlyder lovene til Gud virkelig er et rettferdig menneske.

Lukas 1:5-6 sier også, "I de dager da Herodes var konge i

Jødeland, var det en prest ved navn Sakarias, av Abias skifte, og han hadde en hustru av Arons døtre, og hennes navn var Elisabet. De var begge rettferdige for Gud, og vandret ulastelig i alle Herrens bud og forskrifter." Dette betyr at en bare er rettferdig når en praktiserer Guds lov, nemlig alle budskapene og reglene til Herren.

## Å bli en virkelig rettferdig person

Samme hvor hardt en prøver å bli rettferdig, er det ingen som er rettferdige fordi alle har en opprinnelig synd, som har blitt arvet fra hans forfedre, og synder som en selv har gjort, som er kjent som virkelige synder. Romerne 3:10 sier, "det finnes ikke et eneste rettferdig menneske, ikke et eneste et." Det eneste rettferdige menneske var, og er, Jesus Kristus.

Jesus som verken hadde den opprinnelige synden eller som selv begikk syndige handlinger, mistet blodet sitt og døde på korset for å betale straffen for våre synder, og Han oppstod igjen fra de døde og ble vår Frelser. Fra det øyeblikket vi tror på Jesus Kristus, han som er veien, sannheten, og livet, det er da vi har vasket vekk våre synder, og vi blir rettferdige. Men bare på grunn av at vi blir rettferdige gjennom troen, betyr ikke dette at dette er alt. Ja, vi tror på Jesus Kristus, vi blir tilgitt våre synder og vi blir rettferdige; men, vi har fremdeles en syndig natur inne i oss.

Det er på grunn av dette at det står skrevet i Romerne 2:13, "For ikke de som hører loven, er rettferdige for Gud, men de som gjør efter loven, skal bli rettferdiggjort." Dette betyr at selv om vi har blitt rettferdige ifølge troen, kan vi bare bli et rettferdig menneske når vi forandrer vårt hjerte til et sannferdig hjerte istedenfor et løgnaktig hjerte ved å oppføre oss ifølge Guds Ord.

I de Gamle Testamentets tider, før den Hellige Ånden kom, kunne mennesker ikke fullstendig kaste vekk syndene deres på egen hånd. Så hvis de ikke syndet gjennom deres handlinger, ble de ikke sett på som syndere. Dette var Lovens tid, hvor mennesker ble tilbake betalt 'et øye for et øye, og en tann for en tann'. Men Gud vil at du skal omskjære ditt hjerte—kaste vekk løgnene, eller hjertets syndige natur, og praktisere kjærlighet og barmhjertighet. Så i motsetning til menneskene på det Gamle Testamentets tider ville folkene i det Nye Testamentets tider som aksepterte Jesus Kristus, motta den Hellige Ånd i gave, og med hjelp av den Hellige Ånd, vil de bli autorisert til å kaste vekk deres syndige natur fra hjerte deres. Mennesker kan ikke kaste vekk synd og bli rettferdige bare ved deres egen makt. Det er på grunn av dette at den Hellige Ånd kom.

Så for å bli et virkelig rettferdig menneske, trenger vi hjelpen fra den Hellige Ånd. Når vi roper ut til Gud i våre bønner for å bli rettferdige, da vil Gud gi oss nåde og styrke, og den Hellige Ånd vil hjelpe oss. Vi kan derfor helt sikkert overvinne synden og dra ut den syndige naturen helt fra dens røtter inne i oss. Etter som vi kaster bort mer og mer av vår synd, blir frelst, og når troens fulle målestokk ved hjelp av den Hellige Ånd, vil vi motta mer av Guds kjærlighet og bli virkelige rettferdige mennesker.

### Hvorfor må vi bli rettferdige?

Du vil spørre, "Trenger jeg virkelig å bli rettferdig? Kan jeg ikke bare tro på Jesus til et visst punkt og leve et normalt liv?" Men Gud sier i Johannes Åpenbaring 3:15-16, "Jeg vet om dine gjerninger, at du verken er kold eller varm; gid du var kold eller varm! Derfor, da du er lunken, og verken kold eller varm, vil Jeg spy deg ut av Min munn."

Gud liker ikke en gjennomsnittlig tro. En lunken tro er farlig, fordi det er veldig vanskelig å holde på en slik tro på lang sikt. En slik tro vil til slutt bli kald. Det er akkurat som varmt vann. Hvis du lar det stå fremme en stund, vil det til slutt kjølne ned og bli kaldt. Gud sier at Han vil spytte ut mennesker som har en slik tro. Dette betyr at mennesker med en slik tro ikke kan bli frelst.

Så hvorfor må vi så være rettferdige? Akkurat som det har blitt skrevet i Romerne 6:23, "For syndens belønning er døden", tilhører en synder fiende djevelen, og vil havne i døden. En synder må derfor omvende seg fra synden og bli rettferdige. Bare da kan en synder bli fri fra alle prøvelser, vanskeligheter, og sykdommer som djevelen gir ham. Ettersom menneskene lever videre her i denne verden, vil han veldig sannsynlig erfare all slags triste og vanskelige situasjoner som for eksempel sykdom, ulykker og døden. Men hvis en blir rettferdig, vil han ikke ha noe med disse tingene å gjøre.

Vi må derfor virkelig høre på Guds ord og holde oss til alle Hans budskap. Hvis vi lever i rettferdigheten, da kan vi motta alle velsignelsene som er beskrevet i 5. Mosebok 28. kapittel. Og idet vår sjel vokser, vil vi vokse på alle måter, og vi vil holde oss friske.

Men til det øyeblikket hvor du har blitt et rettferdig menneske som kan motta alle disse velsignelsene, vil du fortsette med å møte vanskeligheter. For å for eksempel kunne få en gull medalje i Olympiaden, vil idrettsmenn gå gjennom iherdig trening. På samme måte vil Gud litt etter litt gi Hans barn visse prøver og vanskeligheter innenfor deres troende grenser, slik at sjelen deres vil hele tiden vokse.

Gud ba Abraham om å forlate hans fars hus og sa, "Spaser sammen med Meg og bli uklanderlig" (1. Mosebok 17:1). Han trente ham og lot ham bli et virkelig rettferdig menneske. Til slutt, etter at Abraham hadde bestått den siste prøvelsen ved å ofra sin egen sønn, Isak, som et brennende offer til Gud, tok prøvelsene slutt. Etter dette var Abraham hele tiden velsignet, og alt gikk derfra bra med ham.

Gud trener oss til å øke vår tro og gjøre oss rettferdige. Når hver person består hver prøvelse, da vil Gud velsigne ham, og så lede ham til bare en større tro. Og gjennom denne prosessen vil vi mer og mer kultivere Herrens hjerte.

Æren som vi mottar i Himmelen vil variere ifølge hvor mye av vår synd vi kaster bort, og hvor mye av vårt hjerte som likner Kristus hjerte. Akkurat som det står skrevet i 1. Korinterne 1 Korinterne 15:41, "En glans har solen, og en annen månen, og en annen stjernene; for den ene stjerne skiller seg fra den andre i glans," vil størrelsen på den ære som vi mottar i Himmelen være avhengig av hvor rettferdige vi blir her i denne verden.

Den type Gud vil ha er de som har sanne kvalifikasjoner som Hans barn—de som har Herrens hjerte. Slike folk vil komme inn til det Nye Jerusalem hvor Guds trone er oppbevart, og de kunne oppholde seg på et æret sted som skinner like mye som solen.

### De rettferdige skal leve ifølge troen

Så hvordan burde vi leve for å kunne bli et rettferdig menneske? Vi må leve ifølge troen, akkurat som det står skrevet i Romerne 1:17, "Men det rettferdige menneske skal leve ifølge troen." Vi kan dele troen inn i to vesentlige kategorier: kjødelig tro og åndelig tro. Kjødelig tro er en tro som er basert på kunnskap eller tro basert på fornuft.

Når et menneske blir født og oppdratt, vil tingene som de ser, hører, og lærer fra deres foreldre, lærere, naboer og venner bli oppbevart i et hukommelses system i hjernen deres. Hvis en person bare tror på ting som stemmer over ens med den kunnskapen de allerede har, vil dette bli kalt en kjødelig tro. Mennesker som har en slik type tro vil tro at ting kan bli skapt fra noe som allerede eksisterer. Men de kan ikke tro på eller akseptere en skapelse som oppstår fra ingen ting.

De kan for eksempel ikke tro at Gud skapte himlene og jorden med Ordet. De kan ikke tro på øyeblikket hvor Jesus roet ned stormen ved å stanse vinden og be havet om å, "Holde dere stille" (Markus 4:39). Gud åpnet munnen til et esel og fikk det til å snakke. Han fikk Moses til å dele Røde Havet med hans stokk. Han fikk til og med den kjempestore veggen i Jeriko til å falle sammen etter at israelittene hadde simpelthen marsjert rundt den og ropt. Disse begivenhetene var ikke logiske i det hele tatt ifølge et vanlig menneskes kunnskap og begrunnelse.

Hvordan kan havet bli delt i to, bare på grunn av at noen løfter deres stokk imot den? Men hvis Gud—som har kommet ifra ingen ting—får det til å virke, da vil det virke! En person som sier at han tror på Gud, men som ikke har en åndelig tro, vil ikke kunne tro at disse begivenhetene virkelig skjedde. Så en person som har en kjødelig tro, har derfor ikke troen til å virkelig tro, så de kan derfor naturligvis ikke adlyde Guds Ord. De kan derfor ikke motta svar på bønnene deres, og de kan ikke motta frelse. Det er på grunn av dette at troen deres blir kalt en 'død tro'.

På den annen side vil en åndelig tro—troen som tror på

skapelse av noe fra ingen ting—være kalt en 'levende tro'. Folk med en slik tro vil bryte ned deres kjødelige tanker, og de vil ikke prøve å forstå en episode eller situasjon basert bare på deres egen kunnskap og tanker. De som har en åndelig tro, har troen til å kunne akseptere alt i Bibelen simpelthen slik det er. Åndelig tro er troen som tror på det umulige. Og siden det leder mennesker til frelse, blir det kalt den 'levende troen'. Hvis du vil bli rettferdig, da må du ha en åndelig tro.

### Hvordan vi kan få en åndelig tro

For å kunne få en åndelig tro, må vi først bli kvitt alle tankene og teoriene fra sinnet vårt som distraherer oss i å oppnå en åndelig tro. Akkurat som det har blitt skrevet i 2. Korinterne 10:5, må vi ødelegge spekulasjonene og hvert eneste oppløftede ting som har satt seg opp imot Guds kunnskap, og vi må la alle våre tanker holde seg til Kristus lydighet.

Kunnskapen, teoriene, intellektene, og verdiene som en person lærer fra fødselen av, er ikke alltid riktige. Det er bare Guds Ord som er det fullstendige og den evige sannheten. Hvis vi holder fast på at vår begrensede menneskelige kunnskap og teorier er sannferdige, da kan vi aldri akseptere Guds Ord som sannhet. Vi kan derfor ikke oppnå den åndelige troen. Det er derfor det er så viktig for oss å først og fremst bryte ned dette sinnet.

Og for å kunne oppnå en åndelig tro, må vi høre iherdig på Guds Ord. Romerne 10:17 sier at troen kommer fra hørselen; så vi må derfor høre Guds Ord. Hvis vi ikke hører Guds ord, da kan vi ikke kjenne til sannheten—og vi kan derfor ikke oppnå den åndelige troen. Idet vi hører Guds ord eller andre menneskers vitnemål i gudstjenestene og forskjellige kirke møter, vil troen spire inne i oss, selv om det først vil være en tro gjennom kunnskapen.

Så for å kunne transformere denne troen som var basert på kunnskap inn til en åndelig tro, må vi øve oss på Guds ord. Akkurat som det stod skrevet i Jakob 2:22, vil troen arbeide sammen med menneskets arbeide, og på grunn av arbeidets resultat, vil troen bli perfekt.

En person som elsker baseball kan ikke bli en god baseball spiller bare ved å lese mange bøker om baseball. Hvis han samler sammen kunnskapen, må han nå gå gjennom en iherdig trening ifølge den kunnskapen som han nå skaffet seg, for å kunne bli en god baseball spiller. På samme måte vil din tro bare forbli en tro basert på kunnskap, og du vil ikke kunne oppnå en åndelig tro, hvis dine handlinger ikke følger det du har lest. Når dine handlinger blir likt det du har lest, da vil Gud gi deg en åndelig tro—en tro som vil sitte helt innerst inne i ditt hjerte.

Så hvis noen virkelig tror innerst inne på Guds ord som sier, "Du må alltid juble; be uten stopp; og vær alltid takknemlig", hva ville han så gjøre? Han ville selvfølgelig juble i slike gledelige omstendigheter. Men han vil også juble når det oppstår vanskelige situasjoner. Han vil lykkelig legge alt i Guds hender. Samme hvor opptatt han vil være, vil han alltid ha tid til å be. Og samme hvilke omstendigheter, vil han alltid være takknemlig, tro på at hans bønner vil bli svart, fordi han tror på den Allmektige Gud.

På denne måten vil Gud være tilfreds med vår tro, og Han vil fjerne prøvene og vanskelighetene og svare på våre bønner slik at vi har grunn til å juble og være takknemlige når vi adlyder Guds ord. Når vi ber iherdig, blir kvitt løgnene i vårt hjerte ved hjelp av den Hellige Ånd, og vi oppfører oss ifølge Guds Ord, da vil vår tro som er basert på kunnskap bli som en sokkel hvor Gud gir oss åndelig tro.

Hvis vi har åndelig tro, da vil vi adlyde Guds Ord. Når vi prøver gjennom troen å gjøre noe som vi ikke kan gjøre, da vil Gud hjelpe oss med å fullføre det. Det er på grunn av dette at det er veldig lett å oppnå økonomiske velsignelser. Akkurat som det står skrevet i Malaki 3:10, vil Gud gi oss veldig mye velsignelse når vi gir tiendedelene, at vårt varehus vil overflyte! Siden vi tror på at vi vil kunne høste inn 30, 60, 100 ganger så mye som vi sår, kan vi lykkelig så. Det er slik gjennom troen, den rettferdige vil motta Guds kjærlighet og velsignelser.

### Måter å leve ifølge troen

I våre daglige liv, ser vi 'Røde Havet' like foran oss, 'Byen Jeriko' som må bli revet ned, og 'Jordan Elven' som oversvømmer. Når vi ser disse problemene, er det å holde seg til sannheten det samme som å leve i sannheten. Hvis for eksempel noen slår oss vil vi gjennom en kjødelige tro slå tilbake og så hate den andre personen. Men hvis vi har en åndelig tro, vil vi ikke hate den andre personen, men heller elske ham. Når vi har en slik levende tro—troen om å sette Guds Ord i våre gjerninger—da vil fiende djevelen flykte ifra oss, og våre problemer vil bli løst.

De rettferdige som lever ifølge troen vil elske Gud, adlyde og holde på Hans budskap, og så oppføre seg ifølge sannheten. En gang i blant vil mennesker spørre, "Hvordan kan vi holde oss til alle budskapene?" Siden det bare er riktig for et barn å ære sine foreldre, og for en mann og kvinne til å elske hverandre, er det bare riktig at vi holde oss til Hans budskap, hvis vi sier at vi er Guds barn.

For nye troende som akkurat har begynt å gå i kirken, vil det kanskje først være hardt å stenge butikken deres på søndagene. De hører at Gud vil velsigne dem hvis de holder Sabbaten hellig ved å stenge butikken deres på søndagene, men dette kan være vanskelig å forstå i begynnelsen. Så i noen tilfeller vil de kanskje bare være med på søndagsgudstjenesten på morgenen, og så åpne butikken deres på formiddagen.

Men på den annen side har de mer modne troende ikke noe problem med fortjenesten deres. Deres første prioritet er å adlyde Guds Ord, slik at de kan adlyde Gud ved å stenge butikken deres på søndag. Da vil Gud se troen deres og passe på at de tjener mye mer enn da de hadde butikken oppe på søndagene. Akkurat som Gud lovte, vil Han beskytte dem imot tap, og Han vil velsigne dem mer enn noe annet.

Dette gjelder også når vi kaster bort synder. Synd som hat, sjalusi, og begjær er det vanskelig å bli kvitt, men de kan bli fjernet når vi ber iherdig. I min personlige erfaring, kaster jeg dem ut gjennom faste, hvis de ikke simpelthen kan bli fjernet med bønn. Hvis det å faste i tre dager ikke virket, da fastet jeg i fem dager. Hvis dette fremdeles ikke virket, prøvde jeg i sju dager, og så ti dager. Jeg fastet til synden ble fjernet. Så fant jeg meg selv kaste vekk synden for å unngå faste!

Hvis vi kan kaste bort de syndene som er vanskeligst å bli kvitt, da vil de andre syndene være lettere å bli kvitt. Det er akkurat som å dra ut et tre fra røttene. Hvis vi drar ut hoved roten, da vil alle de andre røttene komme ut samtidig.

Hvis vi elsker Gud, er det ikke vanskelig å holde oss til Hans budskap. Hvordan kan noen som elsker Gud ikke adlyde Hans ord? Det å elske Gud er å adlyde Guds Ord. Så hvis vi elsker Ham, da kan du holde deg til alle Hans budskap. Er problemene stablet opp foran deg like stort som Røde havet eller like imponerende som byen Jeriko?

Hvis vi får en åndelig tro, setter vår tro til handling, og er rettferdige, da vil Gud løse alle våre vanskelige problemer og ta bort vår lidelse. Jo mer rettferdige vi blir, jo fortere blir våre problemer løst, og jo hurtigere blir våre bønner besvart! Så til slutt håper jeg at du vil nyte et rikelig liv ikke bare her i denne verden, men også evige velsignelser i Himmelen ved å marsjere videre som troende og som Guds rettferdig menneske!

# Ordliste

## Sinnets Tanker, Teorier, og Rammeverk

'**Tanke**' er, å bringe ut kunnskapen som har blitt oppbevart i hukommelses stedet av hjernen, gjennom sjelens virksomhet. Disse tankene kan bli kategorisert i to deler: kjødelige tanker som setter seg opp imot Gud, og åndelige tanker som tilfredsstiller Gud. Vi vil ha åndelige tanker blant kunnskapen som blir oppbevart i vår hukommelse, hvis vi velger sannheten. Hvis vi på den annen side velger løgn, da vil vi ha kjødelige tanker.

'**Teori**' er logikken som en etablerer basert på kunnskapen som en har oppnådd gjennom erfaring, intellekt, eller utdannelse. Teori varierer avhengig av hver persons erfaring, tanker, eller tidsperiode. Den skaper krangel, og setter seg mange ganger opp imot Guds Ord.

'**Rammeverk**' er det psykiske rammeverket hvor en tror en har rett. Disse rammeverkene blir laget idet et menneskes selvgodhet blir hardere. På grunn av dette vil noen menneskers personlighet selv bli rammeverket, og for noen andre, kan deres kunnskap og teorier bli rammeverk. Vi må høre på Guds Ord og forstå sannheten for å oppdage disse rammeverkene i våre sinn og så rive dem ned.

# 8. Kapittel

# Til Kristus Lydighet

*"For om vi enn vandrer i kjøttet, så strider vi ikke på kjødelig vis; for våre stridsvåpen er ikke kjødelige, men mektige for Gud til å omstyrte festnings-verker, idet vi omstyrter tankebygninger og enhver høyde som reiser sig mot kunnskapen om Gud, og tar enhver tanke til fange under lydigheten mot Kristus, og er rede til å straffe all ulydighet, når først deres lydighet er blitt fullkommen."*

(2 Korinterne 10:3-6)

Hvis vi aksepterer Jesus Kristus, og blir rettferdige mennesker som har åndelig tro, da kan vi motta utrolige velsignelser fra Gud. Vi kan ikke bare lovprise Gud ved å se på Hans arbeide som veldig mektig, men alt det vi spør om i våre bønner, vil Han gi oss svar på slik at vi kan lede liv som er veldig vellykkede på alle måter.

Men det finnes noen mennesker som tilstår at de tror på Gud, men som fremdeles ikke adlyder Guds Ord, og kan derfor ikke oppnå Guds rettferdighet. De sier at de ber og arbeider hardt for Herren, men fremdeles mottar de ikke velsignelser, og de befinner seg hele tiden midt i prøvelser, vanskeligheter, og sykdommer. Hvis en tror, burde en leve ifølge Guds Ord og motta Hans overflødige velsignelser. Men hvorfor kan de troende ikke gjøre dette? Det er fordi de fortsetter med å holde seg til de kjødelige tankene?

## Kjødelige tanker som er fiendtlige overfor Gud

Benevnelsen "kjøtt" refererer til ens kropp kombinert med syndige egenskaper. Disse syndige egenskapene er løgnene som sitter i ens hjerte, som ikke har avslørt utvendig som handling. Vår disse løgnene viser seg i form av tanker, blir disse tankene kalt "kjødelige tanker". Når vi har kjødelige tanker, da kan vi ikke fullstendig adlyde sannheten. Romerne 8:7 sier, "...fordi kjøttets attrå er fiendskap mot Gud -- for det er ikke Guds lov lydig, kan heller ikke være det."

Så hva er så disse kjødelige tankene? Det finnes to typer tanker. Den første er åndelige tanker som hjelper oss å handle ifølge sannheten, eller Guds lover, og de andre er de kjødelige tankene som gjør at vi ikke holde oss til Guds lover (Romerne 8:6). Ved å velge mellom sannheten og løgnen, kan vi enten ha åndelige tanker eller kjødelige tanker.

Når vi enkelte ganger ser noen vi ikke liker, vil vi på den ene siden kanskje tenke at vi ikke liker dette menneske på grunn av vår fiendskap mot ham. Men på den annen side vil vi kanskje ha tanker hvor vi vil prøve å elske denne personen. Hvis vi ser at vår nabo har noe veldig fint, vil vi kanskje tenke på å stjele det ifra ham eller kanskje at vi ikke burde være misunnelige på vår nabos eiendom. Tanker som holders seg til Guds lov som sier "Elsk din nabo", og "Vær ikke misunnelig", er åndelige tanker. Men tanker som provoserer deg til å hate og stjele er i motsetning av Guds lover; og er derfor kjødelige tanker.

Kjødelige tanker er fiendtlige overfor Gud; og de hemmer derfor vår åndelige vekst og setter seg opp imot Gud. Hvis vi følger de kjødelige tankene, da vil vi vokse vekk ifra Gud, gi etter til den sekulære verden, og til slutt møte prøvelser og vanskeligheter. Det finnes mange ting vi kan se, høre, og lære fra denne verden. Mange av dem setter seg opp imot Guds vilje og distraherer oss fra å holde oss i troen. Vi må innse at alle disse tingene er kjødelige tanker som er fiendtlige imot Gud. Og så fort vi oppdager disse tankene, må vi fullstendig kaste dem ut. Samme hvor riktig det kan virke for deg, hvis det ikke er på linje med Guds vilje, er det en kjødelig tanke, og er derfor fiendtlig overfor Gud.

La oss ta en titt på Peters tilfelle. Når Jesus fortalte disiplene hvordan Han vil gå opp til Jerusalem for å bli korsfestet og så oppstå fra de døde den tredje dagen, da sa Peter, "Gud fri deg Herre! Dette må ikke skje med Deg" (Matteus 16:22). Men når Jesus sa, "Gå bak Meg Satan! Du er bare en snublende hindring for Meg; for du setter ikke ditt sinn på Guds interesse, men menneskenes" (Matteus 16:23).

Som Jesus trofaste disippel, sa Peter dette på grunn av hans kjærlighet for Hans lærer. Men samme hvor god hensikt han hadde, satte hans ord seg opp imot Guds vilje. Siden det var Guds vilje å ta korset og åpne døren for frelse, kastet Jesus vekk Satan, som prøvde å forstyrre Peter gjennom hans tanker. Idet han til slutt erfarte Jesus død og oppstandelse, begynte Peter å innse hvor verdiløst kjødelige tanker er overfor Gud, og han ødela disse takene fullstendig. Peter ble på grunn av dette en hovedperson i å spre evangeliet til Kristus og så bygge opp den første kirken.

## "Selvgodhet" - en av de kjødelige hoved tankene

Blant alle de forskjellige kjødelige tankene, "selvgodhet" er et viktig eksempel. "Selvgodhet" er simpelthen å krangle om at du har rett. Etter at en person blir født, vil han lære mange ting fra hans foreldre og lærere. Han vil også lære ting gjennom venner og forskjellige omgivelser som har kommet i kontakt med. Men samme hvor gode en persons foreldre og lærere er, er det ikke lett for en å bare lære om sannheten. Det er mer sannsynlig at han lærer mange ting som setter seg opp imot Guds vilje. Alle vil selvfølgelig prøve å fortelle andre o hva han eller henne tror er riktig; men, nesten alle ting er løgner når en reflekterer på Guds rettferdige standard. Veldig lite av det er sannferdig. Dette er fordi ingen er gode unntatt selve Gud (Markus 10:18; Lukas 18:19).

Gud forteller oss for eksempel å tilbake betale ondskap med godhet. Han sier at hvis noen tvinger deg til å gå en mil sammen med ham, gå så to mil sammen med ham. Hvis de fjerner din kappe, gi dem også din skjorte. Han forteller oss at den som tjener er mektigere; og at den som gir og ofrer er den virkelige vinner på slutten. Men det som mennesker tenker på som 'rettferdig' er forskjellig fra person til person. De forteller oss at vi må tilbake betale ondskap med ondskap, og at vi må sette oss opp imot ondskapen til den bitre slutten, helt til vi seirer.

Her er en simpel illustrasjon. Ditt barn går over til hans venns hus og kommer gråtende tilbake hjem. Hans ansikt ser ut som om noen har kloret det med deres finger negler. På dette tidspunktet vil foreldre bli veldig lei seg og begynne å tukte barna deres. I enkelte seriøse situasjoner vil foreldrene kanskje si, "Neste gang, sitt ikke bare der og la dem gjøre dette. Slåss tilbake!" De sier til barna deres at det å bli banket opp er et tegn på svakhet, eller å tape.

Det finnes også mennesker som lider av en sykdom. Samme hvordan de som passer på dem vil tenke, vil de forlange ditt og datt, for å prøve å gjøre seg selv mer komfortabel. Fra den syke personens synspunkt, tror de at deres handlinger er rettferdiggjort på grunn av alle deres smerter. Men Gud ber oss om å ikke søke etter vårt eget gagn, men søke etter ting for andres fordel. Det er slik menneskene og Guds tanker er forskjellige. Menneskenes rettferdige standard og Guds rettferdige standard er veldig forskjellige.

I 1. Mosebok 37:2, kan vi se Josef, ut fra hans egen rettferdighet overfor hans far, en gang i blant, pekte på hans brors feil. Fra hans eget synspunkt likte han ikke hans brors ulovlige oppførsel. Hvis Josef hadde hatt litt mer godhet i sitt hjerte, ville han ha søkt etter Guds visdom og funnet en bedre og mer fredfylt løsning på problemet uten å holde ubehageligheter for hans bror. Men på grunn av hans selvgodhet, hatet hans brødre ham, og de solgte ham derfor som slave til Egypt. Så hvis du på denne måten fornærmer en annen person på grunn av det du selv tenker er 'rettferdig', da vil du erfare en slik vanskelighet.

Men hva skjedde med Josef etter at han hadde innsett Guds rettferdighet gjennom de prøvelser og vanskeligheter som han møtte? Han kastet bort hans selvgodhet og reiste seg opp til stillingen som statsminister for Egypt og fikk myndigheten til å herske over mange mennesker. Han reddet til og med hans familie fra den store hungersnøden, til og med hans brødre som hadde solgt ham som slave. Han ble også brukt til å gi grunnlaget for formeringen av nasjonen Israel.

## Apostelen Paulus rev ned hans kjødelige tanker

I Filipensene 3:7-9 sa Paulus, "Men det som var meg en vinning, det har jeg for Kristi skyld sett på som tap; ja, jeg akter og i sannhet alt for tap, fordi kunnskapen om Kristus Jesus, min Herre, er så meget mere verd, han for hvis skyld jeg har lidt tap på alt, og jeg akter det for skarn, for Født i at jeg kan vinne Kristus og finnes i Ham..."

Paulus var født i Tarsus, hovedstaten i Kilikia, og var derfor romersk statsborger. Å være en romersk statsborger på den tiden som hersket verden betydde at han hadde stor samfunnsmakt. I tillegg til dette var Paulus en ortodoks fariseer fra stammen til Benjamin (Apostlenes Gjerninger), og han studerte under Gamaliel, tidens beste lærer.

Som den mest ivrige jøde, satt Paulus i første rekke om å fordømme de kristne. Han var egentlig på vei til Damaskus for å arrestere de kristne som var der, når han møtte Jesus Kristus. På grunn av dette møtet med Herren, innså Paulus hans feil og ble så fullstendig klar over at Jesus Kristus var uten tvil den riktige Frelseren. Fra dette øyeblikket, ga han slipp på hans utdannelse, verdier, og rang, og begynte heller å følge Herren.

Etter at han hadde møtt Jesus Kristus, hva var så grunnen til at Paulus sa at alle hans eiendeler var et tap for ham? Han innså at all hans kunnskap kom ifra mennesket, bare en skapning, og var derfor veldig begrenset. Han ble også klar over at menneske kan få livet og nyte en evig lykke i Himmelen ved å tro på Gud og akseptere Jesus Kristus, og at forståelsens begynnelse egentlig er Gud.

Paulus innså at de lærdes kunnskap her i verden bare er nødvendig for å kunne leve her i verden, og at kunnskapen fra Jesus Kristus er den mest fornemme form for kunnskap som kan løse menneskenes fundamentale problem. Han oppdaget at innenfor kunnskapen om å kjenne til Jesus Kristus, finnes det ubegrenset makt og myndighet, rikdom, ære, og skatter. Siden han hadde en slik sterk tro på dette fakta, så han på all hans vitenskapelige kunnskap og forståelse fra denne verden som et tap og sludder. Dette var for at han kunne motta Kristus og komme inn til Ham.

Hvis noen er stae og tenker, "Jeg vet", og han er ful av seg selv ved å tenke, "Jeg har alltid rett", da ville han aldri kunne oppdage hans virkelige jeg, og vil alltid tenke at han er den beste. En slik person vil ikke høre på andre med et ydmykt hjerte; så han kan derfor ikke lære noe, og han kan heller ikke forstå noe. Men Paulus møtte Jesus Kristus, alle tidenes mektigste lærer. Og for at Han kunne ta til seg Hans lære, ble han kvitt alle hans kjødelige tanker som han en gang hadde sett på som absolutt riktige. Dette var fordi Paulus måtte bli kvitt hans kjødelige tanker for å kunne motta Kristus fornemme kunnskap.

Apostelen Paulus kunne derfor oppnå den rettferdigheten som tilfredsstilte Gud idet han sa, "...ikke med min rettferdighet, den som er av loven, men med den som fås ved troen på Kristus, rettferdigheten av Gud på grunn av troen" (Filipensene 3:9).

## Rettferdigheten som kommer ifra Gud

Får han møtte Herren, holdt apostelen Paulus seg fullstendig til Loven og så på seg selv som rettferdig. Men etter at han hadde møtt Herren og mottatt den hellige Ånd, oppdaget han hans riktige jeg og sa, "Jesus Kristus kom hit til verden for å redde syndere, hvor jeg selv sitter midt iblant dem" (1. Timoteus 1:15). Han innså at han hadde både den opprinnelige synden og de selv begåtte syndene/de egentlige syndene, og at han ennå ikke hadde fullført en virkelig, åndelig kjærlighet. Hvis han hadde vært rettferdig helt fra begynnelsen og hadde spasert i den troen som tilfredsstilte Gud, da ville han ha visst hvem Jesus var og tjent Ham helt ifra begynnelsen. Men han visste ikke hvem Frelseren var, men tok heller del i fordømmelsen av de som trodde på Jesus. Så i virkeligheten var han ikke annerledes enn fariseerne som spikret Jesus på korset.

I de Gamle Testamentets tider, måtte de tilbake betale et øye for et øye og en tan for en tann. Ifølge Loven ville de ble drept hvis de gjorde ekteskapsbrudd. Men fariseerne forstod ikke Guds virkelige hjerte som lå inne i Loven. Hvorfor ville kjærlighetens Gud skape slike regler?

På det Gamle Testamentets tider, gikk ikke den Hellige Ånd inn i menneskenes hjerter. Det var vanskeligere for dem å kontrollere deres handlinger enn de som mottok den Hellige Ånd, Tjeneren, på det Nye Testamentets tider. Synd kunne derfor spre seg veldig hurtig hvis det ikke fantes noen straff, men bare tilgivelse. Så for å kunne avverge mennesker med å begå synder og forhindre at syndene spredde seg, måtte de betale livet med livet, et øye for et øye, en tann for en tann, og en fot for en fot. Mord og utroskap er seriøst onde synder, også under den sekulære standarden. En person som begår slike typer synder har et hjerte som er veldig hardt. Det ville vært veldig vanskelig for en person som dette å omvende seg. Så siden han ikke kan motta frelse, og han vil allikevel gå til Helvete, ville det vært bedre for ham å bli drept og så latt denne straffen bli en lærepenge og advarsel for andre mennesker.

Også detter er Guds kjærlighet, men Gud hadde ikke tilsikte eller et ønske om at menneskene skulle ha en juridisk form for tro hvor en måtte gi et øye for et øye, og en tann for en tann. I 5. Mosebok 10:16, sa Gud, "Du skal ikke lenger omskjære ditt hjerte eller strekke din nakke." Og Jeremias 4:4 sier, "Omskjær dere for Herren og ta bort deres hjertes forhud, Judas menn og Jerusalems innbyggere, for at ikke min harme skal fare ut som ild og brenne, uten at nogen slukker, for eders onde gjerningers skyld!"

Du kan se at til og med i det Gamle Testamentets tider, de profetene som Gud kjente til hadde ikke en juridisk tro. Dette er fordi Gud virkelig vil ha åndelig tro og barmhjertighet. Akkurat som Jesus Kristus oppfylte Loven gjennom kjærlighet, søkte de profetene og patriarkene som mottok Guds kjærlighet og velsignelser etter kjærlighet og fred.

I Moses tilfelle, når israelittene stod like ved døden på grunn av at de begikk utilgivelige synder, ga Han en forbønn på deres vegne og spurte Gud om å bytte Hans frelse med deres. Men Paulus var ikke slik før han møtte Jesus Kristus. Han var ikke rettferdig i Guds øyne. Han var rettferdig i hans egne øyne.

Det var bare etter at han hadde møtt Kristus at han så på

all hans tidligere kunnskap som et tap, og begynte så å spre den fornemme kunnskapen om Kristus. På grunn av hans kjærlighet for sjelene, laget Paulus kirker over alt han var, og han ofret sitt liv for evangeliet. Han levde et veldig verdifullt og verdig liv.

## Saulus var ulydig imot Gud på grunn av hans kjødelige tanker

Saulus er det største eksempelet på et menneske som satte seg opp imot Gud på grunn av hans kjødelige tanker. Saulus som var valgt av Profeten Samuel, var den første kongen i Israel som hersket over nasjonen i 40 år. Før han ble konge, var han et ydmykt menneske. Men etter at han ble konge, ble han sakte mer og mer stolt. Når for eksempel Israel skulle gå i krig med palestinerne og Profeten Samuel ikke kom til den satte tiden, og menneskene begynte å spre seg, ofret Saulus selv noe ved alteret og satte seg så opp imot Guds vilje, siden det bare var presten som skulle holde ofringen ved alteret. Og når Samuel tuktet ham fordi han ikke hadde noen respekt for prestens hellige grenser, var Saulus hurtig med å unnskylde seg istedenfor å angre.

Og når Gud ba ham om å 'fullstendig ødelegge amalekittene', adlød han heller ikke. Han fanget istedenfor kongen. Han skånet til og med de gode husdyrene og brakte dem med seg hjem. Siden han tillot hans kjødelige tanker å krype inn, satte han sine egne tanker før Guds tanker. Og fremdeles spurte han folket sitt om å opphøye ham. Til slutt snudde Gud ansiktet sitt vekk ifra ham, og han ble så torturert av onde ånder. Men selv under disse omstendighetene, nektet han å snu seg vekk ifra ondskapen, og han prøvde så å drepe David, han som Gud hadde salvet. Gud ga

Saulus mange sjanser til å omvende seg, men han kunne ikke bli kvitt hans kjødelige tanker, og adlød heller ikke nå Gud. Til slutt havnet han i døden.

## Måten en kan oppfylle Guds rettferdighet gjennom troen

Så hvordan kan vi så bli kvitt våre kjødelige tanker som er fiendtlige overfor Gud og bli rettferdige i Guds øyne? Vi må ødelegge alle spekulasjonene og hvert eneste oppløftede ting som har satt seg opp imot Guds kunnskap, og vi må la alle våre tanker holde seg til Kristus lydighet (2. Korinterne 10:5).

Å adlyde Kristus betyr ikke å bli lenket eller bedrøvet. Dette er veien mot velsignelser og det evige livet. Det er på grunn av dette at de som har akseptert Jesus Kristus som deres Frelser og erfart Guds utrolige kjærlighet vil adlyde Hans Ord og streve om å etterligne Hans hjerte.

Så for å kunne oppnå Guds rettferdighet gjennom troen på Jesus Kristus, må vi kaste bort all form for ondskap (1. Tessalonikerne 5:22) og så søke om å oppnå godhet. Du vil ikke ha kjødelige tanker hvis du ikke har usannhet i ditt hjerte. Du vil motta Satans arbeide og gå den onde veien like mye som du har ondskap inne i deg. Det å adlyde Kristus betyr derfor å kaste bort usannheten som vi har inne i oss og så vite og oppføre oss ifølge Guds Ord.

Hvis Gud ber oss om å "hengi oss selv til å møte andre", da burde vi vie oss selv til å møte andre uten å bruke våre egne tanker. Når vi går til gudstjenestene, vi burde forstå Gud vilje og adlyde det. Men bare fordi vi kjenner til Guds Ord, betyr ikke at vi kan praktisere det med det samme. Vi må be for å kunne motta styrken til å sette Ordet til handling. Når vi ber, da blir vi fulle av den Hellige Ånd, og kan så fjerne de kjødelige tankene. Men hvis vi ikke ber, da vil våre kjødelige tanker ta tak i oss og lede oss på avveie. Vi burde derfor be iherdig og streve etter å leve etter Guds Ord. Før vi møtte Jesus Kristus, hadde vi kanskje fulgt kjøttets begjær og sagt, 'la oss hvile, nyte oss, la oss drikke og spise og være lykkelige'. Men etter at vi møtte Jesus Kristus, burde vi meditere på hvordan vi kan oppfylle Hans kongerike og Hans rettferdighet, og vi burde arbeide hardt med å gjøre vår tro til handling. Vi burde oppdage og så kaste vekk ondskap som hat og sjalusi, som er begge er i motsetning til Guds Ord. Vi burde gjøre akkurat som Jesus gjorde—elske våre fiender og redusere oss selv mens vi tjener andre. Dette vil så bety at vi oppnår den rettferdige Gud.

Jeg håper at du vil kunne ødelegge spekulasjoner og alle opphøyde ting som setter seg opp imot Guds kunnskap, og så fange alle tankene og være lydige overfor Kristus akkurat som apostelen Paulus gjorde, slik at du kan motta visdom og forståelse ifra Gud og bli et rettferdig menneske som er vellykket i alt.

# Ordliste

## Troens, Lydigheten, og Gjerningenes Rettferdighet

**Troens rettferdighet** er å se det positive utfallet med troens øyne istedenfor å simpelthen se den virkelige realiteten ved å stole på Guds Ord. Det er å ikke bare stole på en egne tanker og evner, men bare på Guds Ord.

**Lydighetens rettferdighet** er ikke bare det å adlyde en befaling som en kan gjøre med ens egen styrke. Det er å adlyde selv de befalingene som en ikke tenker er mulige å gjøre, innenfor sannhetens grenser. Hvis en person har troens rettferdighet, kan han også oppnå lydighetens rettferdighet. En person som har oppfylt rettferdighetens lydighet basert på hans tros rettferdighet, kan adlyde gjennom troen, selv i omstendigheter som realistisk er umulig.

**Gjerningenes rettferdighet** er muligheten til å oppføre seg ifølge Guds vilje uten noen unnskyldninger, så lenge det er noe som Gud vil. Muligheten til å fullføre rettferdige gjerninger varierer med hver enkelt person og deres kars og hjertes karakter. Jo mer en person avfeier deres egne gagn og søker etter andres gagn, jo mer kan de oppfylle en slik rettferdighet.

# 9. Kapittel

# Han som Herren Anbefaler

*"For ikke den som gir seg selv skussmål, holder prøve, men den som Herren gir skussmål."*
*(2 Korinterne 10:3-6)*

Samme hvilken plass vi holder oss til, kan vi bli roset hvis vi blir bedre på det vi gjør. Men det er en forskjell mellom det å bli roset av en hvilken som helst person, og så å bli roset av en som er ekspert på området. Så hvis vår Herre, kongenes Konge, herrenes Herre anerkjenner oss, da vil denne lykke ikke kunne sammenlignes med noe annet her i verden!

**Han som Herren anbefaler**

Gud roser mennesker som har et rettferdig hjerte, og som har Kristus aroma. Det finnes ikke alt for mange tilfeller i Bibelen hvor Jesus gir ros. Men når Han gjorde det, sa Han det ikke direkte, men sa det indirekte på denne måten, "Du har gjort den rette tingen." "Du må huske på dette." "Spre dette"

I Lukas 21, kan vi se en fattig enke som ofrer to små kobber mynter. Jesus roset denne enken fordi hun ofret alt det hun hadde, og sa, "Sannelig sier jeg dere: Denne fattige enke har lagt mere enn alle. For alle disse la sine gaver av sin overflod; men hun la av sin fattigdom alt det hun hadde å leve av" (v. 3-4).

I Markus 14. kapittel, kan vi se tilfelle hvor en kvinne heller dyr parfyme på hodet til Jesus. Noen mennesker som var til stede irettesatte henne for dette, og sa, "Du kunne ha solgt denne parfymen for mer enn tre hundre denarer, og så gitt pengene til de fattige" (v. 5).

Jesus svarte, "La henne være i fred! Hvorfor gjør dere henne fortred? Hun har gjort en god gjerning mot meg. For de fattige har dere alltid hos dere, og når dere vil, kan dere gjøre vel mot dem; men meg har dere ikke alltid. Hun gjorde det hun kunne; hun salvet forut mitt legeme til min jordeferd. Sannelig sier jeg dere: Hvor som helst evangeliet forkynnes i all verden, skal også det hun gjorde omtales til minne om henne" (v. 6-9).

Hvis du gjerne vil bli roset av Herren på denne måten, da må du først gjøre det du burde gjøre. La oss så studere mer spesielt om de tingene som vi burde gjøre som Guds mennesker.

## Å bli anbefalt av Gud

### 1) Bygg iherdig et alter for Gud

1. Mosebok 12:7-8 sier, "Da åpenbarte Herren sig for Abram

og sa: 'Din ætt vil jeg gi dette land.' Og han bygget der et alter for Herren, som hadde åpenbart seg for ham. Derfra flyttet han til fjellene østenfor Betel og slo opp sitt telt med Betel i vest og Ai i øst; og han bygget der et alter for Herren og påkalte HERRENs navn." Det står også i 1. Mosebok 13:4 og 13:18, at Abraham bygde et alter for Gud.

I 1. Mosebok 28. kapittel kan vi se skriften om hvordan Jakob bygde et alter for Gud. Mens han flyktet ifra hans bror som prøvde å drepe ham, fant Jakob et sted hvor han sovnet med en stein under hodet sitt. I drømmen så han en stige som nådde himmelen, og han så Guds engler gå opp og ned stegen, og han hørte Guds stemme. Når han våknet neste morgen, tok Jakob steinen som han hadde brukt som en pute og satte den opp som en stolpe, helte olje over den og så ba til Gud der.

I dagens begrep er det å bygge et alter for Gud det samme som å gå i kirken og være med på gudstjenester. Det er å ofre virkelige ofringer med hele deres hjerte mens de takker; det er det å høre på Guds Ord og så ta det til seg som næring for hjertet. Det er å ta ordet som vi hørte og så sette det til handling. Idet vi ber på denne måten, og idet vi praktiserer Guds Ord, er Gud tilfreds med oss og vil lede oss mot et velsignet liv.

## 2) Løft opp bønner som Gud vil høre

Bønn gjennom åndelig ånde. Dette er å kommunisere med Gud. Viktigheten med bønn blir lagt trykk på mange steder i Bibelen. Og selv om vi selvfølgelig ikke forteller Ham om hver eneste detalj, vil Han allerede ha kunnskapen om alt. Men siden Han gjerne vil kommunisere med oss og dele hans kjærlighet med oss, ga Gud dette løfte i Matteus 7:7, "Spør, og du skal få

det."
For at vår sjel skal vokse og komme opp til Himmelen, må vi be. Bare når vi blir fylt med Guds nåde og makt og den fullstendige Hellige Ånd, kan vi kaste vekk våre kjødelige tanker som er i motsetning til sannheten, og vi kan bli fylt med Guds Ord, sannheten. Vi må også be for å kunne bli et sannferdig menneske, et åndelig menneske. Ved å be, vil vi bli vellykket i alt, og vi vil holde oss friske idet vår sjel blomstrer.
Alle menneskene som var elsket og anerkjent av Gud var mennesker som ba. 1. Samuel 12:23 sier, "Men jeg -- det være langt fra meg å synde mot Herren ved å holde opp med å be for dere; og jeg vil lære dere den gode og rette vei." For å kunne motta noe ifra Gud som ikke er mulig gjennom menneskets makt, må vi kommunisere med Gud. Daniel, Peter, og apostelen Paulus var alle mennesker som ba. Jesus ba tidlig på morgenen og noen ganger hele natten. Fortellingen om hvordan Han ba helt til Hans svette ble til dråper med blod i Getsemane haven er veldig berømt.

### 3) Ha troen til å kunne motta svar

I Matteus 8. kapittel, kom det en centurion for å møte Jesus. Israel var akkurat da okkupert av Roma. En centurion fra den romerske hæren ville i dag vært sammenlignet med en høyere stilt militær offiser. Centurion spurte Jesus om å helbrede hans tjener som led av lammelse. Jesus så kjærligheten og troen til centurion, så Han bestemte seg for å gå og helbrede tjeneren.

Men centurion gjorde denne tilståelsen gjennom hans tro, "Men høvedsmannen svarte og sa: Herre! Jeg er for ringe til at du skal gå inn under mitt tak; men si bare et ord, så blir min dreng helbredet! For jeg er også en mann som står under overordnede, men har stridsmenn under meg igjen; og sier jeg til den ene: 'Gå!' og han går, og til en annen sier jeg, 'Kom!' og han kommer, og til mine slaver, 'Gjør dette!' Og han vil så gjøre dette" (Matteus 8:8-9).

Å se centurions tro og ydmykhet som veldig dyrebar, sa Jesus, "Jeg vil sannelig si til deg, jeg har aldri funnet en slik mektig tro hos noen i Israel" (v. 10). Mange mennesker vil gjerne ha en slik tro, men vi kan ikke bare få en slik tro på egen hånd. Jo mer godhet vi har i vårt hjerte og jo mer av Guds Ord vi setter inn i handling, vil vise hvor mye tro Gud vil gi oss. Siden centurion hadde et godt hjerte, trodde han bare på hva som Jesus sa. På denne måten vil Gud rose alle som tror på og som setter troen deres til handling, og Gud vil arbeide ifølge troen deres.

### 4) Ha et ydmykt hjerte overfor Gud

I Markus 7. kapittel, en syrisk-fønikisk kvinne kom til Jesus med et ydmykt hjerte, om et ønske for Ham å helbrede hennes demon besatte datter. Når kvinnen spurte Ham om å helbrede hennes datter, da sa Jesus, "La oss helbrede barna først, for det er ikke godt å ta brødet ifra barna og kaste det til hundene" (v. 27). Kvinnen ble ikke sint eller følte seg snutt, selv om hun ble sammenlignet med en hund.

Siden hun var fylt med et stort ønske om å på en eller annen måte motta et svar, og fordi hun trodde på Jesus, som var selve sannheten, senket hun seg selv på en ydmyk måte og fortsatte med å rope ut, "Ja, Herre, men selv hundene under bordet spiser barnas smuler" (v. 28). Jesus ble rørt av hennes tro og ydmykhet så Han svarte på hennes anmodning ved å si, "Gå; demonene har blitt fjernet fra din datter" (v. 29). Vi må ha en slik ydmykhet overfor Gud idet vi ber.

### 5) Så gjennom troen

Å så gjennom troen er også en del av rettferdighet, som Gud roser. Hvis du gjerne vil bli rik, da må du så ifølge loven angående såing og innhøsting. Dette er mest sannsynlig når det gjelder å gi tiendedeler og ofringer med takknemlighet. Selv når vi ser på natures lov, kan vi se at vi kan høste det vi sår. Hvis du sår hvete, vil du høste hvete, og hvis du sår bønner, da vil du høste bønner. Hvis du sår litt, da vil du høste litt, og hvis du sår mye, da vil du høste mye. Hvis du sår i fruktbar jord, da vil du høste god frukt; og jo mer du beskjærer og vedlikeholder, jo bedre vil avlingen bli.

Ofringen som vi gir til Gud blir brukt til å redde fortapte sjeler, bygge kirker, og støtte misjoner og hjelpe de i nød. Det er slik vi kan gi uttrykk for vår kjærlighet for Gud gjennom ofringer. Ofringer blir brukt til å oppfylle Guds kongerike og Hans rettferdighet, slik at Gud mottar slike ofringer med glede og velsigner oss ved å gi tilbake 30, 60, eller 100 ganger så mye. Hva ville Gud Skaperen savne siden Han ba oss om å gi Ham ofringer? Han gir oss muligheten til å høste inn det vi sår og så motta Hans velsignelser!

Akkurat som det står skrevet i 2. Korinterne 9:6-7, "Men dette sier jeg: Den som karrig sår, skal karrig høste, og den som sår med velsignelser, skal høste med velsignelser. Hver gi så som han setter seg fore i sitt hjerte, ikke med sorg eller av tvang! for Gud elsker en glad giver."

### 6) Du må stole på Gud til enhver tid

David henvendte seg alltid til Gud, så Gud ledet ham derfor og hjalp ham med å unngå forskjellige vanskeligheter. David spurte Gud spesielt, "Burde jeg gjøre dette eller dette?" Angående nesten alt, og han oppførte seg i henhold til Hans ledelse (Ref: 1. Samuel 23. kapittel). Det er på grunn av dette at han kunne vinne så mange kamper. Det er på grunn av dette at Gud elsker Hans barn som alltid vil stole på og spør etter Hans ledelse mer. Men hvis vi kaller Gud 'Far', og så stoler på verden eller vår egen kunnskap mer enn Gud, da kan ikke Gud hjelpe oss.

Jo mer vi holder oss i sannheten, jo mer kan vi spørre Gud om og jo mer kan Herren rose oss. Samme hva enn vi gjør, burde vi utvikle visdommen om å først og fremst søke etter Gud, og så vente for å motta Hans svar og ledelse.

### 7) Adlyd Guds Ord

Siden Gud ba oss om å "Holde Sabbaten hellig," burde vi gå til kirken, be sammen med andre troende, og tilbringe dagen på en hellig måte. Og siden Han ba oss om å "Vær alltid glad, og vær takknemlige for alt," burde vi juble og være takknemlige samme hvilke omstendigheter vi møter. Mennesker som holder på Hans budskap som dette i hjertene deres og er lydige, vil motta velsignelsen om å alltid holde seg i Guds nærvær.

Gjennom lydighet, støtet Peter, Jesus disippel, på en utrolig begivenhet. For å kunne betale tempelets skatter, ba Jesus Peter om å "dra ut på havet og kast ut en krok, og så ta den første fisken som kommer opp; og når du åpner dens munn, vil du finne en sekel. Ta dette og gi det til dem fra deg og Meg" (Matteus 17:27). Hvis Peter hadde nektet å tro på Jesus ord og ikke hadde dratt til havet for å fange fisken, da ville han ikke ha erfart denne utrolige begivenheten. Men Peter adlød og kastet ut kroken, og han kunne så erfare Guds utrolige makt.

All troen arbeide som har blitt skrevet ned i Bibelen virker mye på den samme måten. Når Gud arbeider, vil Han arbeide ifølge hvor mye tro hver enkelt person har. Han vil ikke dytte noen med luten tro til å gå lenger enn det de kan. Han gir ham først muligheten til å erfare Hans makt ved å adlyde bare litt, og så gir Han ham litt mer åndelig tro gjennom det. Så neste gang vil han kunne adlyde Ham med noe litt større.

### Stift ditt begjær og ønsker på korset

Opp til nå har vi studert tingene som vi må gjøre for å kunne anerkjent, roset, og bli sett på som rettferdige overfor Gud. Når vi også spikrer våre kjødelige begjær og lidenskap på korset, vil Gud se på dette som rettferdig, og så rose oss. Men hvorfor ville begjær og lidenskap bli sett på som synder? Galaterne 5:24 sier, "De som tilhører Jesus Kristus har nå knust kjøttet med dens lidenskap og begjær." Dette forteller oss at vi modig burde avstenge disse tingene.

'Lidenskap' er å gi og motta ens hjerte. Det er samholdet som du føler for noen idet du blir kjent med og bygger et forhold med ham. Dette gjelder ikke bare for to mennesker som er sammen fordi de er glade i hverandre, men det gjelder også familie, venner, og naboer. Men på grunn av disse 'lideskapene', kan vi lett bli fordomsfulle og sneversynte. De fleste mennesker er for eksempel ikke så tilgivelige når en nabo gjør en liten feil, men når barna deres gjør den samme feilen, er de mye mer tilgivende og forståelige. Men slike kjødelige lidenskaper vil ikke hjelpe et land, en familie, eller et individ med å stå rett opp for rettferdigheten.

'Begjær' er på samme måte. Selv David som var høyt elsket av Gud, endte opp med å begå den forferdelige synden med å drepe den uskyldige mannen til Batseba, for å gjemme det faktum at han hadde begått ekteskapsbrudd med henne. Det er på disse måtene at kjødelige lidenskaper og begjær blir til synden, og synden vil lede mor døden. Når en begår synd, vil synderen helt sikkert motta irettesettelse.

I Josva 7. kapittel, møter vi en tragisk begivenhet som oppstod på grunn av et menneskes kjødelig begjær. Etter Eksodus ut av Egypt, under prosessen med å erobre landet Kanaan, krysset israelittene Jordan Elven og mottok en stor triumf imot byen Jeriko. Men etter dette, tapte de i en kamp imot byen Ai. Når israelittene fant ut av grunnen til dette tapet, oppdaget de at en mann ved navnet Akan hadde gjemt en peishylle og litt gull og sølv fra de tingene som ble tatt ifra byen Jeriko på grunn av hans begjær. Gud hadde bedt israelittene om ikke å ta noe til seg selv av det de hadde tatt ifra Jeriko, men Akan adlød ikke.

På grunn av Akan synd, måtte mange israelitter lide; og Akan og hans barn ble til slutt drept. Akkurat som litt surdeig hever hele loffen, kunne en mann, Akan ha fått hele menigheten i Israel til å bli sviktet. Det er på grunn av dette at Gud behandlet ham så strengt. Vår første tanke vil kanskje være, "Hvordan kunne Gud ha dømt ham til døden bare for å stjele en peishylle og litt gull og sølv?" Men det er en riktig grunn til hva som skjedde.

Hvis en bonde sår litt ugress etter at han var ferdig med å så, og tenkte, "Åh det er bare en eller to..." og så lot dem bare være, vil ugresset gro og spre seg og kverke den andre avlingen på kort tid. Da vil bonden ikke få noen god avling. Lidenskap og begjær er akkurat som ugress, så de vil bli hindringer på veien til Himmelen, og på veien til å motta svar ifra Gud. De er smertefulle og nytteløse avledninger som ikke har noen som helst god hensikt. Det er på grunn av dette at Gud ber oss om å 'spikre disse tingene på korset'.

På den annen side brøt Asa, den tredje kongen for det sørlige kongerike av Judea, fullstendig med hans lidenskap og begjær, og tilfredsstilte derfor Gud (1. Kongeboken 15. kapittel). Akkurat som hans forfader, David, gjorde Asa det som var riktig i Guds øyne, og ble kvitt alle idoler i hans kongerike. Når hans mor, Maakan, skapte han et bilde av Asherah, gikk han så langt at han fjernet henne fra stillingen som mor til dronningen. Han tok så ned bilde og brente det ved bekken Kidron.

Du vil kanskje synes at Asa handlet litt for drastisk ved å fjerne hans mor fra stillingen som dronning mor bare på grunn av at hun tilba et idol, og du vil kanskje også tenke at Asa ikke var en god sønn. Men Asa reagerte på denne måten fordi han hadde spurt hans mor flere ganger om å stoppe å tilbe idoler. Men hun hørte ikke på ham. Hvis vi ser på situasjonen gjennom åndelige øyne, og ta i betraktning Maakans stilling, var hennes idol tilbedelse akkurat som om hele nasjonen tilbe idolet. Dette kunne til slutt få Gud til å bli rasende på hele nasjonen. Det er derfor Gud roset Asas handling når han brøt opp med hans eget kjødelige begjær for hans mor. Han så på det som rettferdig, for å hindre mange mennesker om å synde imot Gud.

Dette betyr ikke at Asa fullstendig fornektet sin mor. Han fjernet henne bare simpelthen fra stillingen som dronning mor. Som hennes sønn, fortsatte han å elske, ære, og tjene henne.

Likedan er det hvis noen tilfeldigvis har foreldre som tilber falske guder eller idoler. Da burde han gjøre alt han kan for å røre ved hjertene deres ved å gjøre alt en sønn kan gjøre. Fra tid til annen burde han dele evangeliet med dem og anbefale dem til å gi slipp på deres idoler når de spør Gud om Hans visdom. Da vil Gud bli tilfreds.

### Patriarkene som var rettferdige overfor Gud

Gud roser en fullstendig lydighet. An viser også Sin makt til de som oppfører seg fullstendig lydig. Lydigheten som Gud anerkjenner er det å adlyde selv når det kan virke umulig. I 2. Kongeboken 5. kapittel, kan vi se skriften om hærens kommandør, Naaman, Arams konge.

General Naaman dro inn til nabolandet for å besøke profeten Elisja i håp om å bli helbredet av hans spedalskhet. Han tok med seg mange gaver, til og med et brev fra kongen! Men når han ankom, hilste ikke engang Elisja på ham. Elisja sendte istedenfor ut etter en budbringer for å be ham om å vaske seg sju ganger i Jordan Elven. Naaman følte seg veldig nedlatt og var klar til å snu seg rundt og dra tilbake hjem igjen. Men gjennom overtalelse fra hans tjenere, Naaman senket sin stolthet og adlød. Han vasket sin kropp i Jordan Elven sju ganger. Det måtte ha vørt forferdelig vanskelig for dette menneske i en stilling som nummer to til kongen i Aram å senke sin stolthet og adlyde på denne måten, etter måten Elisja hadde behandlet ham på.

Elisja hadde handlet på denne måten fordi han visste at Gud ville helbrede ham etter at Naaman først hadde vist sin tro gjennom lydighet. Gud, som er tilfreds med vår lydighet istedenfor ofringer, var glad for Naamans oppførsel gjennom troen og helbredet ham fullstendig fra hans spedalskhet. Gud ser stor verdi på lydighet, og Han er veldig lykkelig med mennesker som oppfører seg rettferdige.

Gud er også veldig lykkelig med troen til de mennesker som ikke søker etter deres eget gagn, og som ikke kompromitterer med verden. I 1. Mosebok 23. kapittel, når Abraham gjerne ville begrave Sarah i Machpelah hulen, prøvde eieren å gi jorden til Abraham gratis. Men Abraham aksepterte ikke dette. Abraham hadde ikke et hjerte hvor han søkte etter hans eget gagn. Det er derfor han gjerne ville betale den nøyaktige prisen for jorden før han tok jorden i besittelse.

Og når Sodoma tapte i krigen og hans nevø Lot ble fanget, reddet ikke bare Abraham hans nevø, men han reddet også andre som kom ifra Sodoma, og han ga dem tilbake deres eiendeler. Når kongen i Sodoma prøvde å tilbake betale ham som takknemlighet for det han hadde gjort, da nektet Abraham. Han aksepterte ikke noe. Siden hans hjerte var rettferdig, var han aldri grådig, eller hadde noe ønske om å ta ting som ikke tilhørte ham.

I Daniel 6. kapittel, kan vi se at Daniel visste veldig godt at ved å be til Gud han ville bli drept på grunn av de som hadde satt seg opp imot ham. Men han han holdt allikevel på hans rettferdighet overfor Gud ved å ikke stoppe med å be. Han kompromitterte til og med ikke litt bare for å redde sitt eget liv. På grunn av hans oppførsel, ble han kastet inn i løvenes hule. Men han var fullstendig beskyttet og uskadd. Han var vitne til den levende Gud og lovpriste Ham.

Selv om han hadde blitt urettferdig anklaget og satt i fengsel uten grunn, klaget ikke Josef eller var ergerlige på dem (1.

Mosebok 39. kapittel). Han holdt seg selv ren, kompromitterte ikke med usannheten, og bare fulgte rettferdighetens vei. Så på Guds tid og måte, ble han fritatt fra fengselet og endte opp med en æret stilling som statsminister for Egypt.

Så vi må tjene Gud, og vi må bli rettferdige overfor Gud ved å gjøre det som er forlangt av oss. Vi må også tilfredsstille Gud ved å gjøre ting so Herren vil rose oss for. Når vi gjør dette, da vil Gud reise seg opp, svare på våre hjertes ønsker og lede oss imot et vellykket liv.

# Ordliste

## Forskjellen mellom 'Abram' og 'Abraham'

'Abram' er det opprinnelige navnet til Abraham, troens far (1. Mosebok 11:26).

'Abraham', betyr 'faderen for mange land', er navnet som Gud ga til Abram, for å kunne skape en pakt med velsignelser med ham (1. Mosebok 17:5). Ved denne pakten ble han velsignelsens kilde som troens far. Og han ble kalt 'Guds venn'.

## Velsignelser som er stoppet, rystet, og overfylt, og velsignelser med 30, 60, og 100 ganger så mye

Vi mottar velsignelser ifra Gud ifølge hvor mye vi stoler på Ham og holder oss til Hans Ord i våre handlinger. Selv om vi ennå kanskje ikke har kastet vekk våre syndige egenskaper fra vårt hjerte, vil vi motta velsignelser som er stoppet, rystet, og overfylt, som er mer enn to ganger så mye som det vi har sådd (Lukas 6:38). Men hvis vi blir renset og kommer inn til ånden ved å kjempe imot syndene helt til den grad hvor vi blir blødende for å fullstendig kunne bli kvitt dem, da kan vi høste velsignelser som er mer enn 30 ganger så store. Og hvis vi havner lenger inn i ånden, da kan vi høste inn velsignelser som er 60, eller til og med 100 ganger så mye.

## 10. Kapittel

## Velsignelse

*"Og HERREN sa til Abram: 'Dra bort fra ditt land og fra din slekt og fra din fars hus til det land som jeg vil vise deg! Og jeg vil gjøre deg til et stort folk; jeg vil velsigne deg og gjøre ditt navn stort, og du skal bli en velsignelse! Og jeg vil velsigne dem som velsigner deg, og den som forbanner deg, vil jeg forbanne; og i deg skal alle jordens slekter velsignes.' Så dro Abram bort som HERREN hadde sagt til ham, og Lot dro med ham. Og Abram var fem og sytti år gammel da han dro ut fra Karan."*
*(Første Mosebok 12:1-4)*

Gud vil velsigne mennesker. Men det finnes tilfeller hvor Gud velger noen til å velsigne, og det finnes tilfeller hvor selve personen på egen hånd velger å komme innenfor rekkevidden av Guds velsignelser. Noen mennesker velger å komme inn til Guds velsignelser, og så forlate det. Og så er det de som ikke har noe som helst med velsignelsene å gjøre. La oss først kikke på tilfellene hvor Gud velger noen til å velsigne.

## Abraham, Troens Far

Gud er den første og den siste, begynnelsen og slutten. Han formerte strømmen av menneskenes historie, og Han fortsetter også med å lede deg. La oss for eksempel si at vi bygger et hus. Vi kommer opp med et design ved å beregne hvor lang tid det vil ta å bygge det, hva slags materialer vi vil bruke, hvor mye stål og hvor mye betong vi vil trenge, og hvor mange søyler vi trenger. Så hvis vi skal kikke på menneskenes historie som Guds hus, finnes det mange myndige folk som er ganske like 'søylene' til Guds hus.

For å kunne gjennomføre Hans forsyn, velger Gud visse mennesker til å fortelle andre om at Gud selvfølgelig er en levende Gud og at Himmelen og Helvete virkelig eksisterer. Det er derfor Gud velger disse menneskene til å oppføre seg som søyler. Og vi kan se at de er ganske forskjellige fra vanlige mennesker når det kommer til deres hjerte og deres lidenskap for Gud. En av disse menneskene er Abraham.

Han levde for rundt fire tusen år siden. Han var født i kaldeernes Ur. Ur var en eldgammel Sumerisk by som lå nedover elven og på vestsiden av Eufrats Elven plassert midt inne i Mesopotamia sivilisasjonen.

Abraham var så elsket og anerkjent av Gud at han ble kalt "Guds venn". Han nøt alle slags velsignelser ifra Gud inkludert barn, rikdom, helse, og et langt liv. Ikke bare det, men som Gud sa i 1. Mosebok 18:17, "Skal jeg gjemme fra Abraham det jeg er like ved å gjøre?" Gud avslørte klart og tydelig til Abraham selv de begivenhetene som ville skje i fremtiden.

## Gud ser på troen som rettferdighet og gir Hans velsignelser

Hva tror du Gud så i Abraham som tilfredsstilte ham så mye at Han ga ham alle disse velsignelsene? 1. Mosebok 15:6 sier, "Da trodde han på HERREN; og Han beregnet det som rettferdig." Gud så på Abrahams tro som rettferdig.

Gud sa til ham, "Dra bort fra ditt land og fra din slekt og fra din fars hus til det land som jeg vil vise deg! Og jeg vil gjøre deg til et stort folk; jeg vil velsigne deg og gjøre ditt navn stort, og du skal bli en velsignelse" (1. Mosebok 12:1-2). Gud fortalte ham ikke nøyaktig hvor han skulle gå, og forklarte heller ikke hva slags land han kunne forvente. Gud ga ham ikke en detaljert plan om hvordan han burde leve etter at han forlot hans hjemby. Han fortalte ham bare simpelthen å dra.

Hva hvis Abraham hadde hatt kjødelige tanker? Det er helt tydelig at hvis han forlot hans fars hus, ville han bli en vandrer og en omstreifer. Han ville sikkert blitt hånet. Hvis han hadde tenkt på disse tingene, ville han kanskje ikke kunnet adlyde. Men Abraham tvilte aldri på Guds løfte om velsignelser. Han trodde bare på Ham. Han adlød derfor uten tvil og dro avgårde. Gud kjente til Abrahams kar, og det var derfor Gud lovte at en stor nasjon ville bli formet gjennom ham. Gud lovte også at han ville bli en velsignelse.

Gud lovte også Abraham i 1. Mosebok 12:3, "Og Jeg vil velsigne de som velsigner deg, og de som forbanner deg, vil Jeg forbanne. Og gjennom deg vil alle familiene på jorden bli velsignet." Når Gud etter dette så hvordan Abraham ga opp sine rettigheter og ofret seg for hans nevø Lot, ga Gud ham en velsignelse til. 1. Mosebok 13:14-16 sier, "Løft nå opp dine øyne og se fra der du nå står, nordover og sørover og østover og vestover; for alt det landet du ser, vil Jeg gi til deg og til dine etterkommere i all evighet. Jeg vil gjøre dine etterkommere som støv her på jorden." Gud lovte ham også i 1. Mosebok 15:4-5, "'...han som kommer ifra din kropp, han vil bli din arving.' Og Han tok ham med seg ut og sa, 'Se nå opp til himlene og tell stjernene, hvis du kan telle dem.' Og Han sa til ham, 'Slik skal dine etterkommere være.'"

Etter at Han hadde gitt Abraham disse drømmene og syn, førte Han Abraham gjennom prøvelsene. Hvorfor trenger vi prøvelser? La oss forestille oss at en trener eller instruktør velger et idrettsmenneske med stor potensial—nok til å representere hans land i Olympiaden. Men dette idrettsmenneske kan ikke automatisk bli en gull medalje vinner. Idrettsmannen må trene iherdig og ha stor utholdenhet gjennom mangfoldige trenings program, og arbeide veldig hardt for å kunne oppnå hans drøm.

Det samme gjaldt også Abraham. Han måtte oppnå kvaliteten og egenskapen som trengtes for å kunne fullføre Guds løfte ved å gå gjennom prøvelser. Så selv når de gikk gjennom disse prøvelsene, svarte Abraham bare med "Amen" og kompromitterte ikke med hans egne tanker. Han søkte heller ikke etter hans eget gagn, eller ble egoistisk, hatet, var ergerlig, klaget, sørget, eller var sjalu eller misunnelig. Han trodde simpelthen på Guds løfte om velsignelser og adlød iherdig.

Da ga Gud ham også et annet løfte. I 1. Mosebok 17:4-6, Gud sa til Abraham, "Se, jeg gjør en pakt med deg, og du skal bli far til en mengde folk. Ditt navn skal ikke mere være Abram; men ditt navn skal være Abraham, for jeg gjør deg til far for en mengde folk. Og jeg vil gjøre deg såre fruktbar, så du blir til mange folk, og konger skal utgå fra deg."

### Gud gir god kvalitet kar gjennom prøvelser

Noen mennesker ber til Gud om drømmer de har som kommer ifra deres grådighet. På grunn av grådighet, vil de kanskje spørre Gud om et godt arbeide eller rikdom som ikke vil passe dem. Hvis vi ber som dette på grunn av selvgodhet, kan vi ikke få svar ifra Gud (Jakob 4:3).

Vi må derfor be for drømmer og syn som kommer ifra Gud. Når vi tror på Guds Ord og adlyder, da vil den Hellige Ånd ta over vårt hjerte og lede oss, slik at vi kan fullføre våre drømmer. Vi kan ikke engang se et sekund inn i fremtiden. Men hvis vi følger den Hellige Ånds ledelse, den som kjenner til alt som vil skje i fremtiden, da kan vi erfare Guds makt. Når vi bryter ned våre kjødelige tanker og gir oss til Kristus, da vil den Hellige Ånd ta ledelsen og føre oss.

Hvis Gud gir oss en drøm, da kan vi holde det beskyttet i vårt hjerte. Selv om vi ikke oppnår vår drøm på en dag, en måned, eller et år etter våre bønner, burde vi ikke klage. Gud som gir oss synets drøm, vil til tider lede oss gjennom prøvelser for å kunne gjøre oss til kar som er verdige å oppfylle drømmene og synene. Når vi blir mennesker som vet hvordan de kan adlyde Gud gjennom disse prøvelsene, det er da våre bønner blir besvart.

Men på grunn av at Guds tanker og menneskenes tanker er forskjellige, må vi innse at helt til vi kan bryte ned våre kjødelige tanker og adlyde gjennom troen, vil prøvelsene fortsette. Vi må derfor huske på at prøvelsene blir gitt oss slik at vi kan motta svar ifra Gud, så istedenfor å prøve å unngå dem, burde vi ta dem til oss med takknemlighet.

## Gud forbereder til og med en utvei, selv under prøvelser

Hvis vi er lydige, da vil Gud få alle ting til å samarbeide. Han vil også gi oss en vei ut av prøvelsene. I 1. Mosebok 12. kapittel, vil du se at etter at de kom inn i landet Kanaan, skjedde det en stor hungersnød, så Abraham dro inn til Egypt.

Siden konen hans, Sarah var så vakker, var Abraham redd for at noen i Egypt ville få et begjær for henne og så drepe ham for å kunne få henne. På denne tiden var dette godt mulig, så Abraham introduserte henne som hans søster. Teknisk sett var hun hans halv søster, så det var ikke en løgn. Men på denne tiden var ikke Abrahams tro fullstendig kultivert til det punkt hvor han rådførte Gud om alt. Så dette var et tilfelle hvor han var avhengig av sine egne kjødelige tanker.

Sarah var så vakker at Farao fra Egypt brakte henne til hans palass. Abraham trodde at det å fortelle folk at hans kone var hans søster var den beste måten i denne situasjonen, men dette medførte til at han mistet hans kone. Gjennom denne begivenheten lærte Abraham en stor lærepenge, og fra da av, lærte han å stole på Gud om alt.

Som følge av dette ga Gud store plager til Farao og hans husholdning på grunn av Sarah, og Farao ga Sarah tilbake til Abraham med det samme. Siden Abraham hadde vært avhengig av hans kjødelige tanker, måtte han gå gjennom vanskeligheter midlertidig, men på slutten var han uskadd, og hans materialistiske ting som sauer, kuer, tjenere, og esler økte stort. Akkurat som det står skrevet i Romerne 8:28, "Og vi vet at alle ting tjener dem til gode som elsker Gud, dem som efter hans råd er kalt," for mennesker som er lydige overfor Ham, vil Gud forberede en vei ut av vanskelighetene, og vil holde seg sammen med dem gjennom vanskelighetene. De vil kanskje ha vanskeligheter for et kort øyeblikk, men de vil til slutt forbi passere dem med troen og motta velsignelser.

La oss si at noen klarer seg fra dag til dag med deres daglige lønn. Hvis han observerer Herrens Dag, da vil hans familie gå sulten den dagen. I en slik situasjon vil en troende person adlyde Guds budskap og holde Herrens Dag hellig, selv om de må gå sultne. Ville så denne personen og hans familie gå sultne? Sikkert ikke! Akkurat som Gud sendte ned manna for å mate israelerne, vil også Gud elskelig mate og gi klær til de lydige.

Det er derfor Jesus sier i Matteus 6:25, "Vær ikke bekymret for deres liv, hva dere skal ete og hva dere skal drikke, eller for deres legeme, hva dere skal kle dere med! Er ikke livet mere enn maten, og legemet mere enn klærne?" Fuglene i luften hverken sår eller høster, og de lagrer heller ikke mat. Liljene i åkeren verken arbeider eller snurrer seg rundt. Men Gud vil mate og kle dem. Så ville ikke Gud ta vare på Hans egne barn som adlød Ham og søker etter Hans vilje, slik at de ikke vil motta vanskeligheter.

## Gud gir til og med velsignelser under prøvelser

Når vi undersøker menneskene som oppførte seg ifølge Guds Ord og holdt seg på den rettferdige veien, kan vi se at til og med midt i prøvelsene, fikk Gud alle ting til å samarbeide. Selv om de nåværende omstendighetene rett foran dem kan virke vanskelige og problematiske, vil omstendighetene til slutt egentlig ende opp som velsignelser.

Når Judeas sørlige kongerike ble ødelagt, ble Daniels tre venner tatt til fange i Babylon. Selv om de ble truet med å bli kastet inn i ovnen, ville de ikke bøye seg ned for å be til idolene, og de kompromitterte ikke med verden i det hele tatt. Siden de trodde på Guds makt, trodde de at selv om de ble kastet inn i ovnen, ville Gud kunne redde dem. Og selv om de ikke ble reddet, var de fastbestemt på å holde på troen deres og ikke bøye seg ned for idolene. Det er en slik tro de viste. For dem var Guds Lov viktigere enn loven i landet.

Når kongen hørte om disse mennenes ulydighet, ble han veldig sint, og økte temperaturen i ovnen sju ganger så mye som den opprinnelige temperaturen. Daniels tre venner ble bundet og kastet inn i ovnen. Men siden Gud beskyttet dem, ble ikke så mye som et hår på hodet deres brent, og det luktet heller ikke noe røyk av dem (Daniel 3:13-27).

På samme måte var det med Daniel. Selv om det fantes en regel som sa at hvis noen ba til noe menneske eller noen gud utenom kongen, ville de bli kastet inn i løvens hue, holdt Daniel seg allikevel bare til Guds vilje. Han syndet ikke ved å stoppe med å be, men bare fulgte hans daglige rutine og fortsatte med å be tre ganger på dagen mens han kikket imot Jerusalem. Til slutt ble Daniel kastet inn i løvehulen, men Gud sendte englene og lukket munnen til løvene slik at Daniel ble fullstendig uskadd.

Hvor lekkert er det ikke å se når noen ikke kompromitterer med verden for å holde på troen deres! De rettferdige vil bare leve ifølge troen. Når du tilfredsstiller Gud med troen, da vil Han svare deg med velsignelser. Selv om du blir dyttet til hva som kan virke som om det er livets slutt, vil Gud gi deg en vei ut og alltid være sammen med deg, hvis du holder deg til Hans budskap og viser troen din til den bitre slutten.

Abraham ble også velsignet midt i prøvelsene. Selv de menneskene som var med ham ble også velsignet på grunn av ham. Vann er til og med i dag veldig verdifullt i Nære Østen hvor Israel ligger. Det var også veldig verdifullt på Abrahams tid. Men samme hvor Abraham dro var det ikke bare en overflod med vann, men siden han var så velsignet, ble velsignelsene også delt med hans nevø Lot som fikk store flokker med gjeter og også mye gull og sølv.

På den tiden var det å ha masse kyr det samme som å ha massevis av mat og stor rikdom. Når hans nevø Lot ble tatt til fange, ba Abraham 318 av hans trente tjenere om å gå og redde ham. Bare dette forteller oss hvor rik han var. På grunn av Abraham, som iherdig adlød Guds Ord, ble jorden og området hvor han bodde velsignet og menneskene som holdt seg sammen med ham ble også velsignet.

Selv kongene i nabo landene kunne ikke gjøre noe med Abraham siden han var så høyt respektert. Abraham mottok alle velsignelsene som en mulig kunne oppnå her i livet: berømmelse og rikdom, makt, god helse, og barn. Akkurat som det ble skrevet i 5. Mosebok 28. kapittel, var Abraham personen som mottok velsignelser når han kom inn og når han dro ut. Og også som Guds virkelige barn, ble han velsignelsenes grunnlag, og troens far. Han fikk også forståelse av Guds dype hjerte, slik at Gud bare kunne dele Hans hjerte med Abraham og så kalle ham Hans 'venn'. Hvilken ære og velsignelse!

### Abrahams kars egenskap

Grunnen til at Abraham var så velsignet var fordi han hadde et veldig 'godt kar'. Han var et menneske som hadde kjærligheten som ble beskrevet i 1. Korinterne 13. kapittel, og han bar de ni fruktene til den Hellige Ånd som ble beskrevet i 5. kapittel av Galaterne.

Abraham oppførte seg for eksempel gjennom godhet og kjærlighet i alt det han gjorde. Han hatet aldri eller ble fiendtlig imot andre mennesker. Han brakte aldri oppmerksomhet til andre menneskers svakheter, og han tjente alle. Siden han hadde lykkens redskap, ble han aldri lei seg eller sint samme hvilke prøvelser han møtte. Siden han fullstendig stolte på Gud, kunne han hele tiden juble. Samme hvilken situasjon han befant seg i, reagerte han aldri med hans følelser eller tok fordomsfulle beslutninger. Han var tålmodig og hørte alltid på Guds stemme.

Abraham var alltid en barmhjertig person. Når han måtte snu seg vekk ifra hans nevø Lot, selv om han var eldre enn Lot, ga han Lot første sjansen med å plukke hvilket område han ville ha. Han sa, "Hvis du går til venstre, da ville jeg gå til høyre. Hvis du går til høyre, da vil jeg gå til venstre," og han lot Lot velge det bedre området. De fleste mennesker ville tenke at personen med den høyere rang burde ha første valget. Men Abraham var et menneske som kunne vike seg for andre og som tjente og ofret seg selv for andre.

Og siden Abraham hadde kultivert et hjerte med åndelig godhet, meglet han på deres vegne når Lot og landet Sodoma var like ved å bli ødelagt (1. Mosebok 18:22-32). På grunn av dette mottok han et løfte ifra Gud om at han ikke ville ødelegge byen hvis han bare kunne finne ti rettferdige mennesker der. Men Sodoma og Gomorra hadde ikke engang ti rettferdige mennesker, og ble så ødelagt. Men selv da reddet Gud Lot på grunn av Abraham.

Akkurat som det ble skrevet i 1. Mosebok 19:29, "Således gikk det til at da Gud ødela byene på sletten, da kom Gud Abraham i hu og førte Lot midt ut av ødeleggelsen-den gang han ødela de byer som Lot hadde bodd i," Gud reddet Abrahams elskede nevø Lot, slik at Abraham ikke ville bli lei seg.

Abraham var trofast overfor Gud til det punkt hvor han ofret hans eneste sønn, Isak, som han hadde fått da han var hundre år gammel. Samme om det gjaldt hans sønns lære, eller hans forhold med hans tjenere og naboer, var han så perfekt og trofast i alle Guds husholdninger at han kunne til og med bli sett på som feilfri. Han hadde aldri tankeløst konfrontert noen; han var alltid fredsom og ydmyk. Han tjente og hjalp andre med et veldig vakkert hjerte. Og han var så selv behersket at samme hva han gjorde, oppførte han seg aldri upassende, eller krysset noen som helst linjer.

På grunn av dette holdt Abraham på alle de ni fruktene fra den Hellige Ånd, og manglet ikke en eneste en av dem. Han hadde også et godt hjerte. Han var tross alt et veldig godt menneske. Men det å bli et like velsignet menneske som Abraham er ikke vanskelig i det hele tatt. Vi må bare emulere ham. Siden Gud den Allmektige er vår Far, hvorfor vil Han ikke svare på våre bønner og ønsker fra Hans barn?

Denne prosessen om å bli lik Abraham burde ikke være vanskelig i det hele tatt. Det eneste vanskelige er hvis våre egne tanker kommer til syne. Hvis vi fullstendig stoler på og har tillit til Gud og så adlyder Ham, da vil Gud og Abraham ta vare på oss og lede oss imot velsignelser!

## Ordbok og Forklaring på Begrep

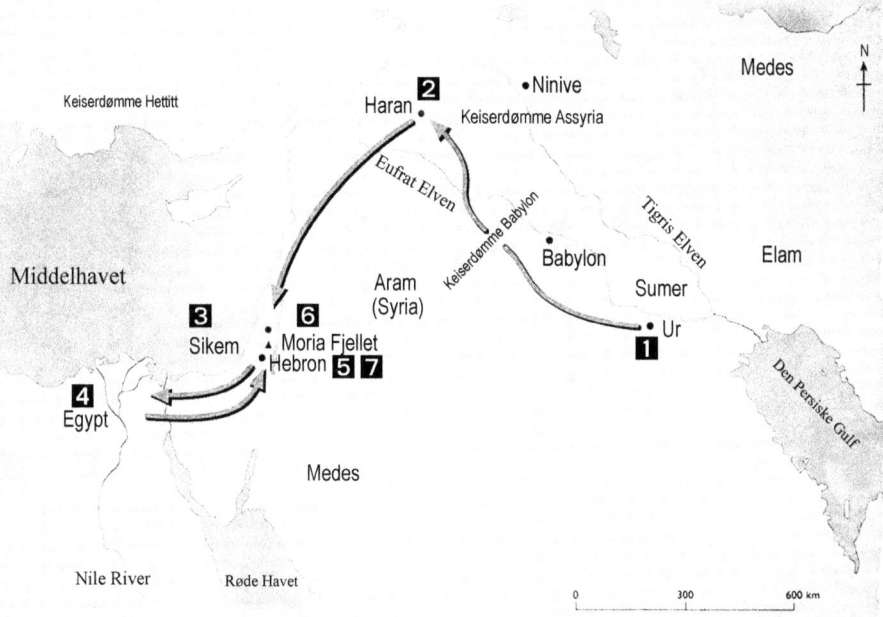

1. Abraham er født i Ur (1. Mosebok 11:27-28)
2. Abraham og hans familie flytter til Karan (1. Mosebok 11:31)
3. Abraham bygget et alter for HERREN når han ankom landet Kanaan (1. Mosebok 12:5-7)
4. Abraham dro ned til Egypt (1. Mosebok 12:10)
5. Abraham bygget et alter for HERREN ved eiketreene i Mamre i Hebron (1. Mosebok 13:18)
6. Ofringen av Isak i Moria fjellene (1. Mosebok 22:1-19)
7. Abraham og Sarah er begravd i Hebron (1. Mosebok 23:1-20), 25:7-10)

# Ordbok og Forklaring på Begrep

## Noahs lydighet og velsignelse, et rettferdig menneske

*"Dette er historien om Noah og hans ætt: Noah var en rettferdig og ulastelig mann blant sine samtidige; Noah vandret med Gud. Og Noah fikk tre sønner: Sem, Kam og Jafet" (1. Mosebok 6:9-10).*

Den første mannen Adam oppholdt seg lenge i Edens Have. Men etter at han hadde syndet, ble han nektet adgang til Edens have og måtte senere leve her på Jorden. Omkring 1.000 år senere, ble Noah født som en av Sets etterkommere, en mann som hedret Gud. Noah som er en av Enoks etterkommere, lærte fra hans far Lamek og bestefar Metusalem og vokste opp som et sannferdig menneske midt i den syndige verden. Siden han ville gi Gud alt det han hadde, holdt han sitt hjerte rent og giftet seg ikke til han oppdaget at Gud hadde en spesiell plan for hans liv. Så når han var fem hundre år gammel giftet Noah seg og startet en familie (1. Mosebok 5:32).

Noah kjente til flodens dom og at menneskenes kultivasjon ville begynne helt over igjen gjennom ham. Han dedikerte derfor sitt liv til Guds vilje. Det er på grunn av dette at Gud valgte Noah, som var et rettferdig menneske og som helhjertet ville adlyde Gud ved å bygge arken uten å følge hans egne tanker, grunner, eller unnskyldninger.

## Det åndelige symbolet på Noahs ark

*"Gjør deg en ark av Gopher tre, gjør kammer i arken og stryk den innvendig og utvendig med bek! Således skal du gjøre den: Arken skal være tre hundre alen lang, femti alen bred, og tretti alen høy. Øverst på arken skal du gjøre en glugg som når en alen ned på veggen, og døren på arken skal du sette på den ene side; du skal bygge den i tre stokkverk, et nederste, et mellomste og et øverste, med kammer i hvert stokkverk" (1.Mosebok 6:14-16).*

Noahs ark var et kjempestort byggverk: 138 meter lang, 23 meter bred, og 14 meter høy, og den ble bygget for rundt 4.500 år siden. På grunn av menneskenes innflytelse fra Edens have, hadde Noahs utrolig kunnskap og evner, men siden han bygde arken ifølge planen som Guds ga ham, kunne Noah og hans familie med åtte og alle de forskjellige dyrene overleve under den 40 dager lange Flommen, ved å oppholde seg i arken for mer enn et år.

Arken er et åndelig symbol på Guds Ord, og det å gå inne i arken vil symbolisere frelse. Og de tre dekkene i arken viser det fakta at Gud Treenigheten-Faderen, Sønnen, og den Hellige Ånd—vil fullføre menneskenes historie angående kultivasjon.

Ararat Fjellet, hvor arken landet

## Flommens dom, som oppstod midt i Guds rettferdighet

*"Så sa HERREN til Noah: Gå inn i arken, du og hele ditt hus! For jeg har funnet at du er rettferdig for mitt åsyn i denne slekt" (1. Mosebok 7:1).*

*"'For om sju dager vil jeg la det regne på jorden i førti dager og førti netter, og jeg vil utrydde av jorden alt levende som jeg har skapt.' Og Noah gjorde i ett og alt som HERREN hadde befalt ham" (1. Mosebok 7:4-5).*

Gud ga mennesker mange muligheter til å angre før flommen kom. Under alle årene som det tok for å fullføre arken, fikk Gud Noah til å forkynne budskapet om å angre til menneskene, men de eneste menneskene som trodde på ham og adlød Noah var hans egen familie. Å gå inn i arken visere det å forlate alle tingene som vi nyter her i denne verden og så kaste dem vekk.

Selv om menneskene hadde gått for langt til å kunne omvende seg, ga Gud dem til og med en ekstra sju dager med advarsel for å kunne unngå dommen. Han ville ikke at de skulle møte dommen. Med et hjerte fult av kjærlighet og barmhjertighet ga Gud dem en sjanse helt til slutten. Men ikke et eneste menneske angret eller spaserte inn i arken. De syndet bare mer! Og til slutt falt de inn i Flommens Dom.

# Angående Dom

"… om dom, fordi denne verdens fyrste er dømt."
(Johannes 16:11)

*"HERREN holder dom over folkene; døm meg, Herre, efter min rettferdighet og efter min uskyld, som er hos meg!" (Salmenes bok 7:8)*

*"Og allikevel sier du: 'Jeg er uskyldig, hans vrede har visselig vendt sig fra meg. Se, jeg vil gå i rette med deg fordi du sier: Jeg har ikke syndet.'" (Jeremias 2:35)*

*"Men jeg sier dere at hver den som blir vred på sin bror uten grunn, skal være skyldig for dommen; men den som sier til sin bror: Raka! skal være skyldig for rådet; men den som sier: Du dåre! skal være skyldig til helvetes ild." (Matteus 5:22)*

*"... og de skal gå ut, de som har gjort godt, til livets oppstandelse, de som har gjort ondt, til dommens oppstandelse." (Johannes 5:29)*

*"Og likesom det er menneskenes lodd en gang å dø, og deretter dom," (Hebreerne 9:27)*

*"For dommen skal være ubarmhjertig mot den som ikke har gjort barmhjertighet; men barmhjertighet roser sig mot dommen." (Jakob 2:13)*

*"Og jeg så de døde, små og store, stå for Gud, og bøker ble åpnet; og en annen bok ble åpnet, som er livsens bok; og de døde ble dømt etter det som var skrevet i bøkene, etter sine gjerninger." (Åpenbaring 20:12)*

## 11. Kapittel

# Synden med å Være Ulydig overfor Gud

---

*"Og til Adam sa han: 'Fordi du lød din hustru og åt av det tre som jeg forbød deg å ete av, så skal jorden være forbannet for din skyld! Med møye skal du nære deg av den alle ditt livs dager. Torner og tistler skal den bære deg, og du skal ete urtene på marken. I ditt ansikts svett skal du ete ditt brød, inntil du vender tilbake til jorden, for av den er du tatt; for støv er du, og til støv skal du vende tilbake.'"*

*(Første Mosebok 3:17-19)*

Mange mennesker sier at selve livet er lidelse. Bibelen uttrykker at det "å bli født inn til denne verden og så leve i den er smertefullt. I Job 5:7, sa Elifas til Job, som fant seg opphisset, "Men mennesket fødes til møye, likesom ildens gnister flyver høyt i været." En person som bare har litt arbeider hardt med å forsørge seg, og en person som har masse arbeider hardt for et annet problem i livet. Og etter en person har arbeidet hardt om å nå et visst mål, og det kan virke som om de kanskje har oppnådd litt av målet, vil livets skumring nærme seg. Når tiden er inne, vil selv den friskeste personen på et punkt erfare døden. Ikke noe menneske kan unngå døden, så hvis du kikker på det, er livet akkurat som en gjennomsiktig tåke, eller en opphøyd sky. Så hva er så grunnen til at mennesker møter alle slike vanskelige problemer i dette "heftige" livet? Den første og opprinnelige grunnen er på grunn av synden om å ikke adlyde Gud. Vi kan gjennom Adam, Saulus, og Kain se et detaljert utfall av det å begå synd ved å ikke adlyde Gud.

### Adam, mannen som ble skapt i Guds speilbilde

Gud Skaperen skapte det første menneske, i Hans eget speilbilde, og så pustet livets ånde inn i hans nesebor, og slik ble han et levende menneske, eller en levende ånd (1. Mosebok 2:7). Gud plantet en have på østsiden av Eden og satte mannen der. Så sa Han, "Og Gud Herren bød mennesket: Du må fritt ete av alle trær i haven; men treet til kunnskap om godt og ondt, det må du ikke ete av; for på den dag du eter av det, skal du visselig dø" (1. Mosebok 2:16-17).

Og siden det ikke er godt for Adam å bli alene, tok Gud en av Adams ribbein og laget så Eva. Gud velsignet dem og ba dem om å være fruktbare og formere seg. Han lot ham også styre over fisken i havet, fuglene i himmelen, og over alle de levende tingene som rører på seg her på jorden (1. Mosebok 1:28). Siden Adam og Eva mottok masse velsignelser fra Gud, hadde de nok å spise, fikk mange etterkommere, og levde et rikt liv.

I begynnelsen hadde Adam ikke noe som helst i hans hukommelse, akkurat som et nyfødt barn. Han var fullstendig tom. Men Gud spaserte sammen med Adam og lærte ham mange ting slik at han kunne leve som herren over alle skapninger. Gud lærte Adam om Ham selv, universet, og de åndelige lovene. Gud lærte ham også om hvordan han burde leve som et åndelig menneske. Han fortalte ham om kunnskapen om det gode og det onde. Adam adlød Guds ord i mange år, og levde i lang tid i Edens Have.

### Adam spiste den forbudne frukten

Det skjedde en dag at fiende djevelen og Satan, luftens hersker, egget en slange, som er den mest slue av alle dyr, og fristet Eva med det. Slangen, som var egget på av Satan, visste at Gud hadde fortalt menneske ikke å spise ifra treet midt i Edens Have. Men for å kunne friste Eva, spurte slangen, "Har Gud virkelig sagt, 'Dere må ikke spise ifra noe tre i haven'?" (Første Mosebok 3:1)

Hvordan svarte Eva på dette spørsmålet? Hun sa, "Vi kan ete av frukten på trærne i haven; men om frukten på det tre som er midt i haven, har Gud sagt: Dere skal ikke ete av den og ikke røre ved den, for da kan dere dø'" (1. Mosebok 3:2-3, NKJV). Gud sa helt nøyaktig, "Den dagen du spiser ifra det, vil du med sikkerhet dø" (1. Mosebok 2:17). Hvorfor endret Eva på Guds ord til "da kan dere dø"? "da kan dere dø" betyr "for frykt av å dø". Disse ordene betyr at det ikke er noe helt bestemt. "Å frykte at en kan dø" og "Hekt sikkert dø" er forskjellige. Dette beviser at hun ikke tok Guds ord fullstendig alvorlig. Hennes svar viste at hun ikke

hadde en fullstendig tro om at de "helt sikkert ville dø".
Den slue slangen gikk ikke glipp av denne muligheten og brøt seg rett inn, "Du vil sikkert ikke dø! For Gud vil vite at den dagen som du spiser ifra det, vil du få kunnskapen om godt og ondt akkurat som Gud" (1. Mosebok 3:4-5). Slangen løy ikke bare, men den satte også grådighet inn i Eva! Og siden slangen blåste grådighet inn i Evas sinn, begynte treet med kunnskapen om det gode og det onde å se godt ut. Noe som Eva aldri før hadde tenkt på. Det så egentlig godt nok ut til å gjøre dem kloke! Så Eva spiste til slutt av den forbudne frukten, og ga det også til mannen hennes.

### Resultatet av Adams synd når han var ulydig overfor Gud

Så dette er hvordan Adam, menneskenes stamfar, nektet å adlyde Guds budskap. Siden Adam og Eva ikke hadde satt Guds ord fullstendig i hjertene deres, falt de inn i fiende djevelens og Satans fristelse og var ulydige mot Guds budskap. Så akkurat som Gud hadde sagt, møtte Adam og Eva en 'helt sikkert død'.

Men ifølge det vi leser i Bibelen, kan vi se at de ikke dør med det samme. De lever egentlig i mange flere år og hadde mange barn. Når Gud sa, "Du vil helt sikkert dø," mente Han ikke bare en simpelt fysisk død hvor en slutter å puste. Han refererte til den fundamentale døden, hvor ånden dør. Mennesket var skapt med en ånd som kunne kommunisere med Gud, en sjel som var kontrollert av ånden, og kroppen, som tjente som en tabernakel for ånden og sjelen (1. Tessalonikere 5:23). Så når menneske brøt Guds budskap, døde ånden som var menneskets herre.

Og siden menneskets ånd døde som et resultat av synden med å nekte å adlyde Gud, ble hans kommunikasjon med Gud bli brutt, og hun kunne ikke lenger bo i Edens Have. Dette er fordi en synder ikke kan være sammen med Gud når Han er til stede. Det er slik menneskenes vanskeligheter begynte. Kvinnens smerter under fødsel ble mye verre, og måtte så gå gjennom store smerter for å få barn; hun ville ha begjær for hennes mann, og han ville herske over henne. Og mannen måtte arbeide hardt hver eneste da for å kunne spise avlinger fra jorden som hadde blitt forbannet på grunn av ham (1. Mosebok 3:16-17). Alle skapninger ble forbannet sammen med Adam, og måtte så lide sammen med ham. På toppen av det hele, var alle Adams etterkommere, som kom ifra hans slektslinje født som syndere og ble satt på veien til døden.

### Grunnen til at Gud skapte treet med kunnskapen om godt og ondt

Noen vil kanskje undre, "Var ikke den Allmektige Gud klar over at Adam ville spise den forbudne frukten? Hvis Han var klar over dette på forhånd, hvorfor satte Han det så inn i Edens Have og tillot Adam å være ulydig. Hvis den forbudne frukten ikke hadde eksistert, ville ikke dette ha forhindret Adam å synde?" Men hvis ikke plasserte den forbudne frukten i Haven, ville så Adam og Eva fått erfare takknemlighet, lykke, glede, og kjærlighet? Grunnen til at Gud plasserte den forbudne frukten i Edens Have var ikke så vi kunne gå veien mot døden. Det var Guds forsyn om å lære oss relativitet.

Siden alt i Edens Have er selve sannheten, kan ikke

menneskene i Haven forstå hva løgn er. Siden ondskap ikke eksisterer der, vet ikke mennesker riktig hva hat, lidenskap, sykdom, eller død er. Så relativt sagt, kan ikke menneskene der forstå hva et virkelig lykkelig liv de har der. Siden de aldri har vært ulykkelige, vet de ikke hva en virkelig lykke og en virkelig sorg er. Det er derfor treet med kunnskapen om godt og ondt var nødvendig.

Gud ville ha barn som forstod hva en virkelig kjærlighet og lykke er. Hvis den første mannen Adam hadde visst hva en virkelig lykke var da han var i Edens Have, hvordan kunne han så ha vært ulydig imot Gud? Derfor plasserte Gud treet med kunnskapen i Haven, og kultiverer menneske her på jorden slik at menneske kan lære tings relativitet. Gjennom denne kultiverende prosessen, vil mennesker erfare både triumf og fiasko, godt og ondt, gjennom hele relativiteten. Det er bare når menneske lærer om sannheten gjennom denne prosessen, at han virkelig kan forstå og elske Gud fra dypt inne i sitt hjerte.

### Måten han kan bli fri fra forbannelsen som synden har forårsaket

Mens Adam levde i Edens Have, adlød han Gud og lærte om godhet ifra Gud. Men etter at han hadde vært ulydig ble hans etterkommere fiende djevelens slaver, og hver generasjon ble bare mer og mer flekkede med ondskap. Jo lengere tiden gikk, jo mer ondskapsfulle ble de. De var ikke bare født med synden som de hadde arvet ifra deres foreldre, men de tok også til seg mer synd i tankene deres idet de vokste og lærte gjennom det de så og hørte. Gud visste at Adam skulle spise den forbudne frukten. Han visste at hele denne verden ville bli fylt med synd. Han visste også at menneske ville gå imot døden. Det er derfor Han forberedte Frelseren, Jesus Kristus, før tidens begynnelse. Når den rette tiden var inne, sendte Han Jesus inn til denne verden.

 For å kunne lære mennesker om Guds vilje, spredde Jesus evangeliet om himmelens kongerike og utførte tegn og under. Så hang Han seg på korset og mistet alt Hans hellige blod for å betale for alle menneskers synder. Alle som derfor aksepterer Jesus Kristus vil motta den Hellige Ånd i gave. Veien til frelse ble åpnet for de som kastet bort usannheten og som levde i sannheten ved å følge ledelsen av den Hellige Ånd. Hvis mennesker gjenoppretter Guds speilbilde som de en gang hadde tapt, og hvis de hedrer Gud og holder på Hans regler, som er menneskenes forpliktelse (Forkynneren 12:13), da kan de nyte alle velsignelsene som Gud har forberedt for dem. De vil ikke bare nyte rikdom og god helse, men også et evig liv med evige velsignelser.

 Akkurat som vi forklarte tidligere, kan vi bli satt fri fra snarens syndige forbannelse når vi kommer til Lyset. Hvor fredelig vil ikke vårt hjerte bli etter at vi har angret og tilstått, kastet vekk våre synder og bestemt oss for å leve ifølge Guds Ord! Når vi tror på Guds Ord og mottar bønn, da kan vi se hvordan vi ble frie fra sykdommer, vanskeligheter, prøvelser og motgang. Gud er lykkelige med Hans barn som aksepterer Jesus Kristus og som lever i rettferdighet, og Han vil fri dem fra alle forbannelser.

### Resultatet av Saulus synd angående hans ulydighet overfor Gud

Saulus ble den første konge på grunn av israelernes ønske om en konge. Han kom ifra stammen Benjamin, og det fantes ikke noen andre som var så elegant og ydmyk som ham i Israel. Og på den tiden hvor Saulus ble valgt som konge, var han en veldig ydmyk mann som så på seg selv som mindre enn andre. Men etter at han ble konge, begynte Saulus litt etter litt og være ulydig overfor Guds budskap. Han nedsatte stillingen til øverste presten og oppførte seg dum (1. Samuel 13:8-13), og begikk til slutt synden med ulydighet.

I Samuel 15. kapittel fortalte Gud Saulus å fullstendig ødelegge amalekittene, men Saulus gjorde ikke som Gud sa. Grunnen til at Gud ba ham om å ødelegge amalekittene ble skrevet om i 2. Mosebok 17.kapittel. Mens israelerne dro inn til landet Kanaan etter at de hadde dratt ut av Egypt, startet amalekittene krig imot israelerne.

På grunn av dette hadde Gud lovet å fullstendig fjerne hukommelsen om Amalek (2. Mosebok 17:14), og siden Gud alltid holder på sitt løfte, hadde Han planer om å fullføre dette løfte hundrevis av år senere, på Saulus tid. Gud befalte gjennom profeten Samuel, "Gå nå og slå ned Amalek og fullstendig ødelegg alt det han eier, og spar ham ikke; men drep både mann og kvinne, barn og spedbarn, okse og sau, kamel og esel" (v. 3).

Men Saulus adlød ikke Gud. Han brakte Kong Agag tilbake som en fange, og han brakte også de beste sauene, oksene, velfødde dyr, lam, og alt det som var godt. Han ville gjerne vise hans gevinst til menneskene og motta deres lovprisning. Saulus gjorde det som han selv trodde var riktig, men adlød ikke Gud. Profeten Samuel forklarte på en måte at Saulus ville forstå, men Saulus angret fremdeles ikke, men laget heller unnskyldninger (1.

Samuel 15:17-21). Saulus sa at han tok med seg de beste sauene og kuene tilbake slik at de kunne gi ofringer til Gud. Hva tror du Gud as om denne ulydige synden? 1. Samuel 15:22-23 sier, "Nei, lydighet er bedre enn slaktoffer, beherskelse bedre enn fettet av værer. For gjenstridighet er ikke bedre enn trolldoms-synd, og trossighet er som avgudsdyrkelse." Den ulydige synden er akkurat som synden om spådom og idol dyrking. Spådom er trolldom, og er en stor synd som er gjenstand for Guds dom, og idol tilbedelse er en synd som Gud ser på som avsky.

Til slutt tuktet Samuel Saulus, "Siden du har nektet HERRENs ord, har han også nektet deg å bli konge" (1. Samuel 15:23). Men Saulus vil fremdeles ikke virkelig angre. Han vil istedenfor, for å vise seg overfor andre, be Samuel om å ære ham overfor hans folk (1. Samuel 15:30), noe som er mer redselsfullt og ille enn det å bli nektet av Gud? Men dette gjelder ikke bare Saulus. Det gjelder også oss her i dag. Hvis vi ikke adlyder Guds Ord, da kan vi ikke unngå følgene av denne synden. Dette gjelder også vår nasjon og våre familier.

Hvis en tjener for eksempel ikke adlyder kongen og handler ifølge hans egne ønsker, må han betale straffen for hans synd. I en familie, hvis et barn er ulydig overfor deres foreldre og gjør noe galt, hvor ulykkelige ville ikke foreldrene bli? Siden ulydighet forårsaker et slikt brudd med freden, vil smerter og lidelse følge deretter. På grunn av Saulus ulydighet overfor Gud, mistet han ikke bare sin makt og ære; men han ble også torturert av onde ånder, og ville til slutt dø på slagmarken hvor han møtte en forferdelig død.

## Resultatet av Kains synd vedrørende hans ulydighet overfor Gud

I 1. Mosebok 4. kapittel kan vi se Adams to sønner, Kain og Abel. Kain var bonde, og Abel oppdro sauer. Litt senere ga Kain ofringer til Gud fra hans avling, og Abel ga hans førstefødte fra hans flokk, og fettet deres, til Gud. Gud foretrakk Abel og hans ofringer, men Han var ikke tilfreds med Kains ofringer.

Når Adam ble utstøtt ifra Edens Have, fortalte Gud ham at han måtte gi ofringer fra blodet til et dyr for å kunne bli tilgitt (Hebreerne 9:22). Adam lærte tydelig hans sønner om metoden av det å ofre med blod, og Kain og Abel visste veldig godt hva slags ofringer Gud likte. Abel hadde et godt hjerte, så han adlød og gjordenøyaktig som han hadde blitt fortalt, og ofret slik Gud ønsket. Men Kain på den annen side, ofret ifølge hans egne tanker, og ifølge hva som passet ham selv. Det er derfor Gud aksepterte Abels ofringer og ikke Kains ofringer.

Det samme gjelder oss her i dag. Gud er tilfredsstilt med vår tilbedelse når vi tilber Ham med hele vårt hjerte, sinn, og ytterst inne gjennom sannheten og ånden. Men hvis vi bare tilber Ham på vår egen måte, og hvis vi bare er kristelige for våre egne gagn, da vil dette ikke ha noe med Gud å gjøre.

I 1. Mosebok 4:7 sier Gud til Kain, "Er det ikke så at dersom du har godt i sinne, da kan du løfte opp ditt ansikt? Men har du ikke godt i sinne, da ligger synden på lur ved døren, og dens attrå står til deg, men du skal være herre over den." Gud prøvde å informere Kain slik at han ikke ville være syndig. Men Kain klarte ikke å beherske hans synd og endte opp med å drepe hans bror.

Hvis Kain hadde hatt et godt hjerte, ville han ha omvendt

seg, og ville sammen med sin bror gitt et offer til Gud som tilfredsstilte Ham, og det ville ikke ha oppstått noe problem. Men siden han var ond, satte han seg opp imot Guds vilje. Slik begynte sjalusien og mord, som er kjøttets arbeide, og møtte til slutt dommen som var et resultat av dette. Gud sa til slutt til Kain, "Og nå skal du være bannlyst fra den jord som lot opp sin munn og tok imot din brors blod av din hånd! Når du dyrker jorden, skal den ikke mere gi deg sin grøde; omflakkende og hjemløs skal du være på Jorden," og derfra ble Kain et menneske som hele tiden var på flyttefot (1. Mosebok 4:11-12).

Opp til nå har vi lært om den første mannen Adam, Kong Saulus, og Kain, og hvor forferdelig en synd det er å ikke adlyde Gud, og også hvilke store prøvelser og vanskeligheter som vil skje på grunn av dette. Når en troende som kjenner til Guds Ord ikke adlyder, betyr dette å ikke adlyde Gud. Hvis en troende ikke mottar velsignelse med fremgang på alle områder i livet deres, vil dette bety at han på en eller annen måte er syndig imot Gud.

Vi må derfor ødelegge veggen med synd som står mellom Gud og oss. Gud sendte Jesus Kristus og Ordet om sannheten hit til denne verden for å gi de menneskene som lever midt i lidelse på grunn av synd, et sannferdig liv. Hvis vi ikke lever ifølge dette ordet om sannheten, vil utfallet bli døden.

Vi må leve ifølge Herrens lære som vil lede oss til frelse, et evig liv, svar på våre bønner, og velsignelser. Vi må ikke være syndige, men burde hele tiden sjekke oss selv om vi synder, angrer, og adlyder Ordet slik at vi kan motta en fullstendig frelse.

## 12. Kapittel

# "Jeg Vil Ryddet Mennesket Vekk fra Dette Landet"

*"Og Herren så at menneskets ondskap var stor på jorden, og at alle dets hjertes tanker og påfunn bare var onde den hele dag. Da angret Herren at Han hadde skapt mennesket på jorden, og Han var full av sorg i sitt hjerte. Og Herren sa: Jeg vil utrydde menneskene som jeg har skapt, av jorden, både mennesker og fe og kryp og fuglene under himmelen; for Jeg angrer at Jeg har skapt dem. Men Noah fant nåde for HERRENs øyne. Dette er historien om Noah og hans ætt. Noah var en rettferdig og ulastelig mann blant sine samtidige; Noah vandret med Gud."*
*(Første Mosebok 6:5-9)*

I Bibelen kan vi se hvor stor menneskets synd var under Noahs tid. Gud sørget veldig fordi Han skapte menneske som Han erklærte at Han ville ryddet vekk fra denne jorden gjennom Flommens Dom. Gud skapte menneske, Han spaserte sammen med ham, og ga dem all Hans kjærlighet, så hvorfor ville Han bringe dom ned på menneske på denne måten? La oss undersøke grunnen til Guds dom og hvordan vi kan unngå Guds dom og istedenfor motta Hans velsignelser.

## Forskjellen mellom en ond person og en god person

Idet vi omgås andre mennesker, vil vi oppnå visse tanker om dem. Noen ganger kan vi føle om de er onde eller gode. For det meste vil mennesker som vokste opp i gode miljø og mottok en riktig opplærling ha en mykere personlighet og gode hjerter. På den annen side, vil mennesker som vokste opp i barske omgivelser, se og erfare mange onde ting som avviker fra sannheten, og vil mer sannsynlig ha egenskaper som ble tvistet og de vil så ha en tendens til å bli ondere. Det finnes selvfølgelig de som ender opp med å gå den løgnfulle veien selv om de ble oppdratt i et godt miljø og også de som overkommer deres dårlige miljø og ender opp med å bli vellykkede og ha gode hjerter. Men hvor mange mennesker kunne mulig bli oppdratt i et godt miljø og så motta god utdannelse, og på toppen av det utvide deres muligheter til å leve et godt liv?

Hvis vi for eksempel vil kikke på gode mennesker, kan vi se på Jomfru Maria som fødte Jesus, og mannen hennes Josef. Når Josef fant ut at Maria hadde blitt gravid selv om han ikke hadde delt sengen med henne, hva gjorde han? Ifølge Loven på den tiden, ville en person som hadde vært utro, slått i hjel. Men Josef avslørte henne ikke offentlig. Han ville bare stille bryte hans forlovelse. Hvilket virkelig godt hjerte han hadde!

På den annen side vil et eksempel på en ond person være Absalom. Når hans halvbror, Amnon, voldtok hans søster, bestemte han i sitt hjerte å ta hevn. Så når han fant den riktige tiden, drepte Absalom Amnon. Og han bygde til og med opp misnøye imot hans far, David angående dette. Til slutt gjorde han opprør imot hans far. All denne ondskapen resulterte i en tragisk ende på Absaloms liv.

Det er derfor Matteus 12:35 sier, "Det gode menneske bringer ut hans gode skatter om det som er godt; og det onde menneske bringer ut hans ondskap." For mange mennesker, idet de blir eldre, samme hva deres hensikt er, vil ondskap helt naturlig bli plantet inne i dem. For lang tid siden, selv om det ikke var så ofte, fantes det flere mennesker som var villige til å dø for landet deres og folket. Men nå i dag, er det veldig vanskelig å finne mennesker som dette. Selv om de blir flekket med ondskap, vil mange mennesker ikke engang innså hva ondskap er, og de vil leve og tenke at de har rett.

### Hvorfor kommer Guds dom

Når vi kikker på det som har blitt skrevet i Bibelen eller menneskenes historie, samme hvilke tidsperiode, ankom Guds seriøse dom når menneskenes synd nådde senit og den gikk over grensene. Vi kan kategorisere Guds dom inn i tre hoved kategorier.

Når Guds dom faller ned på de ikke troende, kan den falle ned på hele nasjonen, eller bare på selve individet. Det finnes også tilfeller hvor Guds dom kan falle på Hans egne mennesker. Når hele nasjonen sammen begår synder som går utover menneskenes moral, da vil en stor motgang falle ned på hele nasjonen. Hvis et individ begår en synd som fortjener å bli dømt, da vil Gud ødelegge ham. Når Guds mennesker gjør noe galt, da vil de bli disiplinert. Dette er fordi Gud elsker Hans folk; Han tillater at de får prøvelser og vanskeligheter, slik at de kan lære fra av deres feil og så vende seg vekk ifra dem.

Som Skaperen styrer ikke Gud bare alle menneskene i verden, men som Dommeren, tillater Han også at menneskene kan innhøste 'det han sår'. Tidligere når menneskene ikke kjente til Gud, ville Han noen ganger avsløre Seg Selv til dem gjennom drømmer, hvis de med et godt hjerte søkte etter Gud eller prøvde å leve i rettferdigheten, bare for å la dem vite at Han lever.

Kong Nebukadnesar fra Babylons Keiserdømme trodde ikke på Gud, men Gud viste seg allikevel for ham i en drøm om hva som ville skje i fremtiden. Han kjente ikke til Gud, men han var generøs nok til å plukke ut de absolutt beste blant alle fangene. Han lærte dem om Babylons sivilisasjon, og ga dem til og med spesielle stillinger i keiserdømme. Han gjorde dette fordi en liten del av hans hjerte anerkjente en veldig høy gud. Så selv om en ikke kjenner til Gud, vil Gud finne en vei til å avsløre at Han er en levende Gud, og Han vil belønne denne personen ifølge hans gjerninger, hvis han prøver å ha et riktig hjerte.

Generelt sagt, når ikke troende gjør noe ondt, da vil Gud irettesette dem hvis det ikke er noe veldig seriøst. Dette er fordi de ikke engang vet hva synd er, og de har ikke noe med Gud å gjøre. De er på et åndelig vis akkurat som et uekte barn. De vil til slutt ende opp i Helvete, og de er allerede blitt fordømt. Hvis synden deres allerede har nådd dens grenser og andre blir skadet på grunn av dem, og deres ondskap går amok uten at de tar noen som helst hensyn til andre mennesker, vil Han ikke tolerere dem selv om de ikke har noe med Ham å gjøre. Dette er fordi Gud er dommeren som dømmer mellom de gode og de onde mennesker. Apostlenes Gjerninger 12:23 sier, "Straks slo en Herrens engel ham, fordi han ikke gav Gud æren, og han ble fortært av ormer og oppga ånden." Kong Herodes var en ikke troende som drepte Jakob, en av Jesus tolv disipler. Han satte også Peter i fengsel. Men når han ble så stolt som om han selv var en gud, da slo Gud ham ned, og ormer spiste, og han døde. Selv om en person ikke kjenner til Gud, vil han fremdeles motta en slik dom som dette, hvis hans synd overskrider en viss grense.

Hva så med de troende? Når israelerne tilba idoler, skled vekk ifra Gud, og begikk all slags ondskap, lot ikke Gud dem bare være som de hadde vært. Han skjennet på dem og underviste dem gjennom en profet, Men hvis de fremdeles ikke hørte på, straffet Han dem slik at de ville vende seg vekk ifra deres onde levemåte.

Slik står det skrevet i Hebreerne 12:5-6, "Min sønn! akt ikke Herrens tukt ringe, og bli ikke motløs når du refses av Ham; for den Herren elsker, den tukter Han, og Han hudstryker hver sønn som Han tar seg av." Gud griper inn når Hans elskede barn gjør noe galt. Han irettesetter og disiplinerer dem slik at de kan angre, omvende seg, og nyte et velsignet liv.

### * Fordi menneskets ondskap var så stor

Grunnen til at Guds dom kom hit til jorden var fordi menneskets ondskap var så stort (1. Mosebok 6:5). Så hva ser verden ut som når menneskenes ondskap er så stor?

Først finnes det et tilfelle hvor mennesker, som en hel nasjon, fylles opp med ondskap. Mennesker kan bli et med deres lands representative, som for eksempel presidenten eller statsministeren, og så bygge opp synd sammen. Et godt eksempel ville være det berømte nazistiske Tyskland og Holocaust. Hele Tyskland arbeidet sammen med Hitler for å slette jødene. Metoden de brukte til å utføre denne onde handlingen var utrolig stygg. Ifølge historiens utskrifter, ble rundt 6 millioner jøder som bodde i Tyskland, Østerrike, Polen, Ungarn, og Russland grusomt drept gjennom brutalt arbeide, tortur, sult, og mord. Noen døde naken i gasskamre, noen ble begravet levende ned i hull i bakken, og noen døde forferdelig som levende objekter for menneskelige eksperimenter. Så hva var Hitler og Tysklands skjebne, de som utførte slike onde handlinger? Hitler tok sitt eget liv, og Tyskland ble til slutt totalt slått, med et permanent skjenne på landets navn. Landet ble til slutt delt inn i to, Øst og Vest Tyskland. De som var skyldige for å ha begått de forferdelige forbrytelsene måtte endre navnet deres og flykte fra sted til sted. Hvis de ble tatt, fikk de generelt sagt døds straff.

Menneskene på Noahs tid fikk også en dom. Siden menneskene på den tiden var så fulle av synd, besluttet Gud om å ødelegge dem (1. Mosebok 6:11-17). Helt opp til dagen med flommen, hadde Noah ropt ut om den dommen som ville komme, men til og med helt til slutt hørte de ikke etter. Helt til det øyeblikket hvor Noah og hans familie gikk inn i arken, fortsatte bare menneskene å drikke, gifte seg, og hengi seg til fornøyelser. Ifølge Noah, var de ikke klar over hva som skjedde, selv når de så at det begynte å regne (Matteus 24:38-39). På grunn av dette døde alle menneskene i flommen unntatt Noah og hans familie (1. Mosebok 7. kapittel).

Det finnes også skriften i Bibelen i Abrahams tiden om hvordan Gud sendte ned dommen med ild og svovel til

Gomera og Sodoma fordi de var så fulle av synd (1. Mosebok 19. kapittel). I tillegg til disse eksemplene, kan vi se gjennom hele historien hvor Gud førte ned forskjellige dommer som hungersnød, jordskjelv, og landeplager, osv. til hele nasjonen når den var fullstendig full av synd.

Deretter er det et tilfelle hvor et individ mottar dom, samme om denne personen tror på Gud eller ikke, hvis han har samlet opp mye ondskap, da ble ha dømt ifølge hans gjerninger. En persons liv kunne bli forkortet på grunn av hans egen ondskap, eller på grunn av hvor mye synd han hadde, ville han møte en tragisk slutt hans siste dager. Men bare på grunn av at noen dør tidlig betyr ikke at de har blitt dømt; fordi det fantes tilfeller som Paulus og Peter, som ble drept selv om de levde rettferdige liv. Deres død var også rettferdig død, så i Himmelen vil de skinne like mye som solen. Det er noen rettferdige mennesker fra fortiden som, etter at de hadde påpekt sannheten til kongen, ble tvunget til å drikke en giftig drink som endte livet deres. I disse tilfellene var ikke døden deres et resultat av en dom på grunn av synd, men en rettferdig død.

Selv i denne verden i dag, enten vi snakker om selve nasjonen eller et individ, er menneskenes synd stor. For det fleste tror ikke mennesker på Gud som den virkelige Gud, og de er fulle av deres egne meninger. De jager enten etter falske guder, idoler, eller de elsker andre ting mer enn Gud. Sex før giftemål har blitt helt akseptabelt og bevegelsen av å gjøre det lovlig for homoseksuelle og lesbiske å gifte seg blir bare mer og mer avansert. Ikke bare det, men narkotika bruk vokser, slagsmål, fiendskap, hat, og korrupsjon finnes over alt.

Det finnes en beskrivelse av tidens ende i Matteus 24:12-

14, "Og fordi urettferdigheten tar overhånd, skal kjærligheten bli kald hos de fleste. Men den som holder ut inntil enden, han skal bli frelst. Og dette evangelium om riket skal forkynnes over hele jorderike til et vitnesbyrd for alle folkeslag, og da skal enden komme." Dette er vår verden akkurat nå.

Akkurat som du ikke kan se om det finnes støv på din kropp når du står i mørket, lever mennesker i lovløshet, men de vet ikke at deres oppførsel er ulovlige fordi det finnes så mye synd her i verden. Siden hjertet deres er så fylt med ulovligheter, kan en ikke helle en sann kjærlighet inn i dem. Mistro, utrofasthet, og alle slags hjerteskjærende ting er over alt fordi menneskenes kjærlighet har blitt kald. Hvordan kan Gud som er uten feil og uten blemmer, fortsette med å bare se på alt dette?

Hvis en fare eller mor elsker deres barn, og barnet går på avveie, hva ville foreldrene gjøre? Foreldrene vil prøve å overtale barnet til å endre seg, og så irettesette barnet. Men hvis barnet fremdeles ikke hører på, da vil foreldrene til og med prøve å bruke kjeppen for å kunne endre barnet. Men hvis barnet gjør ting som er uakseptabelt for menneskene, da vil kanskje foreldrene ende opp med å fornekte dem. Det samme gjelder Guds Skaperen. Hvis menneskets synd er så stort at han ikke er annerledes enn et dyr, da kan ikke Gud gjøre annet enn å dømme ham.

### * Fordi tankene i hjertet er onde

Når Gud dømmer, sørger Han ikke bare på grunn av at verden har så mye synd, men også fordi menneskenes tanker er så onde. En person med et hardt hjerte er også full av onde tanker.

Han er grådig og søker også etter ting for seg selv, og han vil ikke stoppe for noe for å oppnå rikdommer, og han har hele tiden onde tanker. Dette kan også være like sant for en nasjon som et individ. Det kan til og med være sant for de troende. Selv om en person sier at han tror på Gud, vil han fortsette med å søke etter ting som er fordelaktig for ham selv, så han kan ikke hjelpe med at han alltid har onde tanker, hvis han bare oppbevarer Guds Ord som kunnskap i hans hodet og ikke oppfører seg deretter.

Hvorfor tilber vi Gud og hører på Hans Ord? Det er for å kunne oppføre oss ifølge Hans vilje og så bli rettferdige mennesker som Gud gjerne at vi skal være. Men det finnes veldig mange mennesker som roper ut "Herre, Herre," og så lever de ikke ifølge Hans vilje. Samme hvor mye arbeide de sier at de har gjort for Gud, vil de motta dom, og de vil ikke komme til Himmelen, fordi deres hjerte er ondt (Matteus 7:21). Å ikke holde seg til Guds budskap og regler blir sett på som synd, og tro uten handling er en død tro, slik at slike mennesker ikke kan motta frelse.

Hvis vi hørte Guds Ord, må vi kaste vekk ondskapen og oppføre oss deretter. Så idet vår sjel vokser, vil vi vokse på alle måter; og vi vil også motta helsens frelse. Vi vil derfor ikke bli syke eller møte vanskeligheter og prøvelser. Og selv om de allikevel kom, vil alt arbeide sammen for det gode, og de vil heller bli muligheter for velsignelser.

Når Jesus kom hit til denne verden, anerkjente mennesker som de godlynte hyrdene, kvinne profeten Anna, Simeon, og andre barnet Jesus. Men fariseerne og saddukeerne som sa at de holdt seg strengt til Loven og som underviste Loven, anerkjente ikke Jesus. Hvis de var senket inn i Guds Ord, da ville godheten ha sittet i hjertene deres, og de burde ha kunnet gjenkjenne Jesus og akseptert Ham. Men uten at de endret seg fra deres hjerte, var de brautende og fokuserte bare på å se hellige ut fra utsiden. Hjertene deres var harde og de kunne ikke forstå Guds vilje, og de kunne ikke gjenkjenne Gud. Så avhengig av hvor mye godhet og hvor mye ondskap du har i ditt hjerte, vil resultatene være helt forskjellige.

Guds Ord kan ikke bli forklart med et simpelt og klart språk bare ved menneskelig kunnskap. Noen mennesker sier at for å kunne vite den nøyaktige meningen med Bibelen, må en studere hebraisk og gresk og oversette alt fra den opprinnelige teksten. Så hvorfor har det seg så at fariseerne, saddukeerne, og øverste prestene ikke forstod Bibelen helt klart og tydelig— som var skrevet ned på deres eget språk—og hvorfor gjenkjente de ikke Jesus? Dette er fordi Guds Ord er skrevet ned gjennom inspirasjon fra den Hellige Ånd og det kan bare bli forstått klart og tydelig når en blir inspirert av den Hellige Ånd gjennom bønn. Bibelen kan ikke simpelthen bli tolket på litterær måte.

Så hvis vi derfor har usannhet i vårt hjerte eller kjødelig begjær, synlig begjær, eller livets skrytende stolthet, da kan vi ikke oppdage Guds vilje eller følge det. Dagens mennesker er så onde at de nekter å tro på Gud; og ikke bare det, de vil fremdeles oppføre seg ulovlig og urettferdige selv om de sier at de tror på Gud. Dette vil si at de ikke oppfører seg ifølge Guds vilje. Det er slik vi vet at Guds dom er nær.

**\* Fordi hver eneste hensikt i hjertet er alltid ondt**

Grunnen til at Gud må dømme er fordi alle deler av

menneskenes hjerter er alltid onde. Når vi har onde tanker, da vil planene som kommer ifra disse onde tankene være onde, og slike onde tanker vil til slutt provokere onde handlinger. Tenk bare på hvor mye ond planlegging som skjer i dagens omgivelser.

Vi ser mennesker i nasjoners topp stillinger som krever bestikkelse i store summer, eller som skaper ulovlige kontoer, og som fordyper seg i opphissede krangler og slåsskamper. Hensynsløse metoder om å oppnå tilgang til offentlige stillinger, militære skandaler, og alle slags forskjellige skandaler er utbredt. Det finnes barn som gjør overlagt drap på deres foreldre for å kunne få tak i deres families rikdommer, og det finnes unge mennesker som planlegger all slags onde planer for å tjene penger slik at de kan bruke det på utskeielser.

Selv unge barn vil i dag lage onde planer. For å kunne få penger til arkade, eller til å kjøpe noe som de virkelig vil ha, vil de lyve til foreldrene deres, eller til og med stjele. Og siden er så opptatte med å tilfredsstille seg selv, kan alle hjertets hensikter og alle handlinger bare være onde. Når en sivilisasjon gjør hurtige fremskritt når det gjelder materialistiske ting, da vil miljøet hurtig bli fordypet i fordervelse og et nytelsessykt miljø. Dette er nøyaktig hva som skjer her i dag, på likestilling med Noahs tid, når synd hadde nådd dens fulle målestokk i verden.

### For å unngå Guds dom

Mennesker som elsker Gud, og de som er åndelig våkne sier at Herrens tilbakekomst er like rundt hjørnet. Og akkurat som det stod skrevet i Bibelen, tegnene på tidens slutt, som Herren pratet om, har begynt å vise seg klart og tydelig. Selv de ikke troende sier at vi er nær tidens ende. Forkynneren 12:14 sier, "For Gud vil gi alle handlinger dom, alt som er gjemt, samme om det er godt eller ondt." Vi må derfor være klare over at slutten er nær, og vi må kjempe imot synden helt til det punkt hvor vi blør, og så kaste bort all form for ondskap og bli rettferdige.

De som aksepterer Jesus Kristus og som har sitt navn skrevet inn i Livets Bok i Himmelen vil få et evig liv og nyte den evige velsignelsen. De vil bli belønnet ifølge deres gjerninger, så det vil bli noen som vil bli plassert i stillinger like lys som solen, og de som får stillinger like fine som månen, eller stjernene. På den annen side vil de som hadde onde tanker i deres hjerte etter den Store Hvite Trone Dommen, og de som bare hadde onde hensikter og som nektet å akseptere Jesus Kristus, eller tro på Gud, lide i all evighet i Helvete.

Så hvis vi unngår Guds dom, akkurat som det ble skrevet ned i Romerne 12:2, må vi ikke rette oss etter verden som er full av alle slags korrupsjoner og synder. Vi burde fornye vårt hjerte og bli omvendt slik at vi kan tydelig se hva Guds gode, tilfredsstillende, og perfekte vilje er, og oppføre oss deretter. Akkurat som Paulus tilstod, "Jeg dør daglig," må vi gi oss til Kristus og leve ifølge Guds Ord. På denne måten må vår sjel vokse, slik at vi alltid kan ha gode tanker, og oppføre oss med godhet. Da vil vi utvikle oss på alle måter i våre liv, og vi vil få god helse, og til slutt vil vi nyte en evig velsignelse i Himmelen.

## 13. Kapittel

# Sett Deg Ikke Opp Imot Hans Vilje

"Korah, en sønn av Jishar, sønn av Kahat, Levis sønn, og Datan og Abiram, sønner av Eliab, og On, en sønn av Pelet, av Rubens ætt, tok en flokk med seg. De trådte fram for Moses, og sammen med dem to hundre og femti menn av Israels barn, høvdinger i menigheten, utkåret til medlemmer av folkerådet, aktede menn. De flokket seg sammen mot Moses og Aron og sa til dem: Nå får det være nok! Hele menigheten er hellig, alle sammen, og Herren er midt iblant dem; hvorfor opphøyer dere selv da over Herrens menighet?"
(4. Mosebok 16:1-3)

"Med det samme han hadde endt denne tale, da revnet jorden under dem; jorden lukket opp sin munn og slukte dem og deres boliger og alle de folk som hørte Korah til, og alt det de eide, og de fòr levende ned i dødsriket med alle sine; jorden skjulte dem, og de omkom og ble utryddet av menigheten. Og hele Israel som stod rundt omkring dem, rømte derfra da de hørte deres skrik; de sa: Jorden kunde sluke oss og. Og det fòr ild ut fra Herren og fortærte de to hundre og femti menn som hadde båret frem røkelsen..."
(4. Mosebok 16:31-35)

Hvis vi holder oss til Ordet, holder på Hans regler, og spaserer den rette veien, da vil vi motta velsignelser når vi kommer inn og når vi går ut. Vi mottar velsignelser på alle områder i vårt liv. Men hvis vi ikke adlyder, men setter oss opp imot Guds vilje, da vil dommen med andre ord finne oss. Så vi burde derfor bli Guds sannferdige barn som elsker Ham, adlyder helhjertet Hans vilje, og handler ifølge Hans regler.

## Dom kommer når vi setter oss opp imot Guds vilje

Det hadde en gang vært et menneske med et rettferdig indignasjon. Han og noen av hans kamerater kom sammen og planla en stor revolusjon for å hjelpe landet deres. Idet dagen for revolusjonen nærmet seg, vokste kameratenes vilje sterkere og sterkere. Men en av kameratenes forræderi medførte at hele planen deres om å redde landet ble fullstendig mislykket. Hvor leit er det ikke når en persons feil vil medføre at mange menneskers gode vilje ikke kan bli fullført?

En fattig mann og kvinne giftet seg. I mange år levde de veldig sparsomt for å spare penger. De kjøpte til slutt litt jord og begynte å leve komfortabelt. Så begynte mannen plutselig å bli avhengig av spilling og drikking, og de mistet til slutt alt det de hadde opparbeidet seg gjennom hardt arbeide. Kan du noen sinne innbille deg hvor hjerteskjærende dette ikke ha måttet være for hans kone?

I forhold blant mennesker, kan vi se hvilke tragedier som oppstår når mennesker oppfører seg i motsetning til de andres vilje. Så hva ville skje hvis en person bestemmer seg for å sette seg opp imot Guds vilje, universets Skaper? Når du leser 4.

Moseboken 16:1-3, er det et tilfelle hvor Korah, Datan, og On sammen med 350 berømte ledere i menigheten satt seg opp imot Guds vilje. Moses var lederes deres, han som Gud hadde valgt for dem. Sammen med Moses skulle israelerne komme sammen som et for å overvinne det vanskelige livet i villmarken og så komme inn i landet Kanaan. Men denne smertefulle begivenheten skjedde.

På grunn av den ble Korah, Datan, og On, sammen med familien deres begravd levende når grunnen under dem åpnet seg og svelget dem. De 250 lederne i menigheten ble også ødelagt i ilden fra HERREN. Hvorfor skjedde dette? Å sette seg opp imot en leder som Gud har valgt er det samme som å sette seg opp imot Gud.

Selv i våre daglige liv, er det omstendigheter hvor vi ofte setter oss opp imot Gud. Selv om den Hellige Ånd ber våre hjerter, vil vi bare sette oss opp imot det hvis det ikke stemmer over ens med våre egne tanker og ønsker. Jo mer vi handler ifølge våre egne tanker og ikke Hans, jo mer setter vi oss opp imot Guds vilje. Ettersom tiden går vil vi ikke kunne høre stemmen til den Hellige Ånd. Siden vi oppfører oss ifølge vår egen vilje, vil vi havne inn i vanskeligheter og lidelser.

### Mennesker som satte seg opp imot Guds vilje

1 4. Mosebok 12. kapittel, finnes det en scene hvor Moses bror, Aaron, og hans søster, Miriam, satte seg opp imot Moses fordi han hadde giftet seg med en kusjittisk kvinne. De anklaget ham og sa, "Har HERREN virkelig bare pratet gjennom Moses? Har Han ikke pratet gjennom oss også?" (v. 2) Aaron og Miriam

mottok Guds vrede med det samme, og Miriam ble spedalsk. Gud skjente så på dem begge og sa: "Er det en profet som dere, så gir Jeg, Herren, Meg til kjenne for ham i syner og taler med ham i drømmer. Men så er det ikke med Min tjener Moses; han er tro i hele mitt hus. Munn til munn taler Jeg med ham, klart og ikke i gåter, og han skuer HERRENs skikkelse. Hvorledes kunde dere da våge å tale ille om Moses, Min tjener?" (v. 6-8).

La oss så se hva det betyr å sette seg opp imot Guds vilje, ved å observere noen eksempler ifra Bibelen.

### 1) Israelerne tilba idoler

Under eksodus så israelerne med deres egne øyne de ti plagene som falt ned på Egypt og at Røde Havet ble delt i to rett foran dem. De erfarte så mange forskjellige slags tegn og undere at de hadde måttet vite at Gud er en levende Gud. Men hva gjorde de mens Moses var oppe på fjellet for å faste i 40 dager mens han mottok de Ti Budskapene ifra Gud? De laget en gylden kalv og tilba det. Gud satte israelerne til side som Hans valgte folk, og Han trodde derfor ikke at de ville tilbe idoler. Men de satte seg opp imot Guds vilje og omkring tre tusen av dem døde på grunn av dette (2. Mosebok 32. kapittel).

Og i 1. Krønikerne 5:25-26, står det skrevet, "Men de bar seg troløst at mot sine fedres Gud og holdt seg med de guder som folkene i landet dyrket, de folk som Gud hadde utryddet for dem. Da oppegget Israels Gud assyrerkongen Ful og assyrerkongen Tilgat-Pilneser mot dem, og han bortførte dem, både rubenittene og gadittene og den halve Manasse stamme, og flyttet dem til Hala og Habor og Hara og Gosan-elven, og der er de den dag i dag." Siden israelerne spilte prostituert, tilba guder fra landet Kanaan, rørte Gud hjerte til kongen av Assyria for å invadere Israel og ta mange av dem til fange. Israelernes handling imot Gud var grunnen til denne katastrofen.

Grunnen til at det nordlige kongerike i Israel ble ødelagt av Assyria og det sørlige kongerike av Judea ble ødelagt av Babylon, var også på grunn av idol tilbedelse.

I dagens betingelse er det akkurat som å tilbe idoler laget av gull, sølv, bronse, osv. Det samme gjelder mennesker som legger et kokt grisehodet på et bord og kneler ned til åndene fra deres døde forfedre. Hvilken skammelig scene er det ikke når mennesker som er de høyeste av skapninger må knele seg ned foran en død gris og spørre den om dens velsignelse!

I 2. Mosebok 20:4-5 ber Gud dem om, "Du skal ikke gjøre deg noe utskåret bilde eller noe avbildning av det som er oppe i himmelen, eller av det som er nede på jorden, eller av det som er i vannet nedenfor jorden. Du skal ikke tilbede dem og ikke tjene dem."

Han nevnte også klart og tydelig forbannelsen som ville komme til dem hvis de tok budskapene altfor lett og ikke holdt seg til dem. Han pratet også om velsignelsene som de ville motta hvis de holdt fast ved budskapene inn i hjertene deres. Han sa, "For Jeg, Herren din Gud, er en nidkjær Gud, som hjemsøker fedres misgjerninger på barn inntil tredje og fjerde ledd, på dem som hater Meg, og som gjør miskunnhet mot tusen ledd, mot dem som elsker Meg og holder Mine bud."

Det er derfor når vi ser oss rundt omkring at vi kan se at familier som har en historie med idol tilbedelse vil erfare mange slags lidelser. En dag erfarte et kirkemedlem som hadde knelt ned foran et idol vanskeligheter. Hennes munn som før hadde vært normal, ble helt tvistet og vanskapt så ille at hun hadde vanskeligheter med å prate. Når jeg spurte henne om hva som hadde skjedd, fortalte hun at hun hadde besøkt familie i løpet av helligdagene og siden hun ikke hadde klart å stå imot deres press om å bøye seg ned for det tradisjonelle offeret for forfedrene, ga hun etter og knelte seg ned. Dagen etter hadde munnen hennes blitt tvistet til den ene siden. Heldigvis angret hun fullstendig overfor Gud og mottok velsignelse. Munnen hennes ble helbredet og normal igjen. Gud ledet henne til veien mot frelse ved å gi henne en lærepenge hvor hun ville innse at hun gjennom idoltilbedelse ville gå imot ødeleggelse.

## 2) Farao nektet å la israelerne gå

I 2. Mosebok 7-12. kapittel, prøvde israelerne som hadde vært slaver i Egypt å forlate Egypt under Moses ledelse. Men Farao ville ikke la de gå, og på grunn av dette skjedde det en stor ulykke med Egypt og Farao. Gud Skaperen er forfatteren av menneskenes liv og død, så det er derfor ingen som kan sette seg opp imot Hans vilje. Gud vilje var for at israelerne kunne utvandre. Men Farao, som hadde et veldig hardt hjerte, blandet seg inn i Guds vilje.

Gud ga derfor Egypt ti plager. På denne tiden begynte hele nasjonen å bli oppløst. Til slutt lot Farao motvillig israelerne gå, men det gjorde han ergerlig. Så han ombestemte seg og sendte hans hær ut etter dem, selv inn i Røde Havet som hadde blitt skilt. Til slutt druknet hele den egyptiske hæren som hadde forfulgt dem i Røde Havet. Farao satte seg opp imot Guds vilje helt til den bitre slutten, så han ble til slutt dømt. Hvis Gud viste ham mange ganger at Han var den levende Gud, burde Farao ha innsett at Gud er den eneste virkelige Gud. Han burde ha vært lydig overfor Guds vilje. Selv ifølge menneskelig standard ville det å sette israelerne fri vært det riktige å gjøre.

For det at en nasjon tar en hel annen rase til slaver, er bare galt. Dessuten kunne Egypt unngå stor hungersnød takket være Josef, sønnen til Jakob. Uansett fakta om at det hadde gått 400 år, var det en historisk virkelighet at Egypt skyldte Israel for at deres nasjon ble reddet. Men istedenfor å tilbake betale Israel på grunn av den nåden de hadde mottatt, gjorde Egypt dem til slaver. Så hvor ondskapsfullt var ikke dette? Farao som hadde fullmakt, var en stolt person full av grådighet. Det er på grunn av dette at han slåss imot Gud helt til slutten, og til slutt mottok hans endelige dom.

Det finnes mennesker som dette i vårt samfunn i dag, og Bibelen advarer dem om at dommen venter dem. Ødeleggelse vil vente på de som nekter å tro på Gud på grunn av deres kunnskap og stolthet og de som dumt spør, "Hvor er Gud?"

Selv om de sier at de tror på Gud er de ikke noe annerledes enn Farao, hvis de ignorerer Guds budskap på grunn av deres egen stahet og innfall, hvis de er hatende eller bitre imot andre, eller hvis de er en leder i en kirke og sier at de arbeider hardt for Guds kongerike, men på grunn av deres sjalusi eller grådighet vil de såre og irritere folkene rundt dem.

Når vi vet at Guds vilje for oss er å leve i Lyset, da vil vi erfare den samme slags lidelse som de ikke troende erfarer hvis vi fortsetter å leve i mørket. Dette er fordi Gud hele tiden advarer menneskene, men de vil ikke høre på det og bare fortsetter å sette seg opp imot Guds vilje og går heller imot det verdslige.

Men når en på den annen side lever rettferdig, da vil hans

hjerte bli rent, og siden hans hjerte begynner å etterligne Guds hjerte, vil fiende djevelen forlate. Samme hvilken seriøs sykdom han kanskje vil ha, vil han bli sterkere og friskere, og alle prøvelsene og vanskelighetene vil forsvinne, samme hvilke vanskeligheter eller prøvelser han møter hvis han bare fortsetter med å oppføre seg rettferdig overfor Gud. Hvis et hus er skittent, da vil kakerlakker, mus, og alle slags skitne udyr vise seg. Men hvis huset er rent og desinfisert, da kan skade dyrene ikke lenger leve der, og de vil bare helt naturlig forsvinne. Det er på like måte med dette.

Når Gud forbannet slangen som fristet menneske, sa Han at den ville 'krype på dens mave, og hver eneste dag spise støvet for resten av livet' (1. Mosebok 3:14). Dette betyr ikke at slangen vil spise jorden på bakken. Den åndelige meningen med dette er at Gud forteller fiende djevelen—som egget på slangen—om å spise menneskekjøttet, han som opprinnelig hadde blitt skapt fra støvet. Åndelig er "kjøttet" noe som endrer seg og dør. Den gir trykk på løgnen som vil føre til døden.

Fiende djevelen vil derfor bringe fristelser, motgang, og lidelser til de kjødelige menneskene som synder midt i løgnene, og som til slutt leder dem til døden. Men fienden kan ikke komme i nærheten av hellige mennesker som ikke har noen synder, og som lever ifølge Guds Ord. Så hvis vi derfor lever i rettferdigheten, da vil sykdom, prøvelser, og vanskeligheter vanligvis rømme vekk fra oss.

I Josva 2. kapittel finnes det en person som i motsetning til Farao var en hedning som hjalp til å fullføre Guds vilje og mottok så velsignelser på grunn av det. Denne personen var en kvinne med navnet Rahab som levde i Jeriko på Eksodus tiden. Etter at de hadde kommet ut av Egypt og vandret rundt om i ødemarken i 40 år, hadde israelerne akkurat krysset Jordan elven. De slo leir og var klare til å angripe Jeriko når som helst.

Rahab var ikke israeler, men hun hadde hørt rykter om dem. Det forekom henne at Gud HERREN, som styrte hele universet, var sammen med israelerne. Hun visste også at denne Gud var ikke en slags Gud som bare ville drepe uten noen som helst god grunn. Siden Rahab visste at Gud HERREN var den rettferdige Gud, beskyttet hun de israelske spionene ved å gjemme dem. Siden Rahab kjente til Guds vilje og hjalp Ham med å oppfylle Hans vilje, ble hun og hele hennes familie reddet da Jeriko ble ødelagt. Vi må også gjennomføre Guds vilje for å kunne lede et åndelig liv hvor vi kan motta løsninger på forskjellige problemer og motta svar på våre bønner.

### 3) Presten Eli og hans sønner bryter seg vekk ifra Guds ordre

I Samuel 2. kapittel kan vi se at sønnene til Presten Eli var lovløse mennesker som tok mat som hadde blitt satt til side som ofringer til Gud, og gikk til og med til sengs med kvinner som hjalp til i Teltet hvor de holdt sine møter. Men faren deres, Presten Eli, irettesatte dem bare muntlig, og gjorde ikke noe for å stoppe dem. Hans sønner ble til slutt drept i krigen mot Filipensene, og Presten Eli brakk nakken sin og døde når han falt ifra hans stol da han hørte nyheten. Eli døde på denne måten fordi han ikke på riktig måte lærte hans sønner hva de gjorde galt.

Det samme gjelder oss her i dag. Hvis vi ser mennesker rundt oss som er utroe, eller som viker vekk ifra Guds ordre, og vi bare aksepterer dem uten at vi riktig lærer dem om hva som er riktig og galt, da er vi ikke noe annerledes enn Presten Eli. Vi må her ta en titt på oss selv og se om vi på noen som helst måte er lik Eli og hans sønner.

Det samme gjelder når vi personlig bruker tiendedelene og takknemlighets ofringene som hadde blitt satt til side for Gud. Når vi ikke gir hele tiendedelene og ofringene, vil dette være akkurat som å stjele ifra Gud, og vår familie eller nasjonen vil få en dom (Malaki 3:8-9). Og alt det som har blitt satt til side som ofring for Gud burde ikke bli byttet ut for noe annet. Hvis du allerede har bestemt deg for å gi et offer til Gud, da må du også fullføre det. Og hvis du gjerne vil bytte det om til noe bedre, må du gi begge ofrene, både det tidligere og det nåværende.

Det er heller ikke riktig for en celle leder eller en kasserer i en celle gruppe i kirken å bruke medlemmenes innsamlings gebyr akkurat som de vil. Å bruke kirkefond for noe annerledes enn dens opprinnelige hensikt, eller bruke penger som hadde blitt satt til side for en spesiell begivenhet til noe annet, vil også falle inn i kategorien om å 'stjele ifra Gud'. Det vil også si at det å legge dine hender på Guds skatter er like mye å stjele som Judas Iskariot. Hvis noen stjeler Guds penger, begår han en synd som er større enn syndene til Elis sønner, og han vil ikke bli tilgitt. Hvis noen begikk denne synden fordi han ikke visste noe bedre, må han fullstendig tilstå og angre, og han må aldri begå en slik synd igjen. Mennesker blir forbannet på grunn av slike synder. Tragiske begivenheter, og sykdommer vil skje, og de kan heller ikke motta troen.

### 4) De unge guttene som hånte Elisja og andre like tilfeller

Elisja var en mektig tjener til Gud som kommuniserte

med Ham og ble beskyttet av Ham. Men i 2. Kongeboken 2. kapittelet, kan du se en scene hvor et stort antall ungdommer kom ut som en gruppe, fulgte Elisja rundt og hånte ham. De var så onde at de fulgte ham fra inne i byen og helt ut av byen og ropte, "Kom hit opp, din snauskalle; kom hit opp, din snauskalle!" Til slutt kunne Elisja ikke klare det lenger, Og han forbannet dem i HERRENs navn, og to binner kom ut fra skogen og angrep 42 av dem. Siden Bibelen skrev at 42 av dem døde, vi kan anta at det totale antall barn som ergret Elisja var egentlig mye større.

Forbannelsene og velsignelsene som kom ifra en tjener som var beskyttet av Gud vil finne sted nøyaktig som det ble sagt. Spesielt hvis du håner, baktaler, eller sladrer på en av Guds folk, er dette akkurat som å håne og baktale selve Gud. Det er derfor det samme som å sette seg opp imot Guds vilje.

Hav skjedde med jødene som spikret Jesus på korset og ropte om at Hans blod skulle bli gitt til dem og deres etterkommere? I 70 e.Kr. ble Jerusalem fullstendig ødelagt av den romerske generalen Titus og hans hær. Antall jøder som ble drept på den tiden av 1,1 millioner. Etter dette ble jødene spredd rundt omkring i verden og mottok all slags ydmykelse og fordømmelse. Seks millioner av dem ble også drept av nazister. Som du kan se vil det å sette seg opp imot Gud og opprør bringe deg forferdelig følger.

Elisjas tjener, Gehasi, fant seg i en liknende situasjon. Som en av Elisjas disipler, han som mottok svar gjennom ilden, mottok Elisja to ganger så mye inspirasjon som hans lærer hadde fått. Så bare det å kunne tjene en herre som Elisja var i seg selv en stor velsignelse. Gehasi var personlig vitne til mange tegn som Elisja hadde utført. Hvis de adlød Elisjas ord og godt mottok hans lære, ville han sikkert også ha mottatt stor makt og velsignelser. Men uheldigvis kunne ikke Gehasi gjøre dette.

Det fantes en tid hvor Elisja gjennom Guds makt helbredet general Naaman i den armenske hæren som led av spedalskhet. Naaman var så rørt at han gjerne ville gi Elisja en stor gave. Men Elisja sa klart og tydelig nei takk. Han gjorde dette fordi det var mer æret for Gud hvis han ikke mottok gaven.

Men Gehasi jaget etter general Naaman fordi han ikke forstod hans herres vilje, og fordi han var veldig materialistisk, han løy til ham, og mottok gaven. Han brakte gavene tilbake med seg og gjemte dem. Elisja visste allerede hva som hadde skjedd, så han ga Gehasi en sjanse til å angre, men han nektet anklagelsen og angret ikke. På grunn av dette fikk Gehasi Naamans spedalskhet. Dette var ikke bare å sette seg opp imot Elisjas vilje, men også det å sette seg opp imot Guds vilje.

### 5) Å lyve til den Hellige Ånd

I Apostlenes Gjerninger 5. kapittel, finnes det et tilfelle hvor et par, Ananias og Saffira, lyver til Peter. Som de tidligere kirkenes medlemmer, bestemte de seg for å selge eiendommen deres og gi pengene til Gud. Men når de endelig holdt pengene i hånden, fikk grådigheten tak i dem. Så de ga bare en del av pengene og løy, og sa at dette var alle pengene. De døde begge to på grunn av deres handling. Dette var fordi de ikke bare løy til menneske, men de løy også til Gud og den Hellige Ånd. De testet Herrens Ånd.

Vi delte bare et par eksempler, men i tillegg til disse, finnes det mange tilfeller hvor mennesker setter seg opp imot Guds vilje.

Guds lov eksisterer ikke for å straffe oss, men finnes for å hjelpe oss å innse hva synd er, for å få oss til å stole på Jesus Kristus makt slik at vi kan overvinne dem, og til slutt få oss til å motta massevis av Guds velsignelser. La oss så kikke tilbake på våre handlinger for å se om noen av dem noensinne satte seg opp imot Guds vilje, og hvis det var noen som gjorde det, burde vi omvende oss fullstendig og oppføre oss ifølge Guds vilje.

# Ordliste

## Ovn og Strå

En 'ovn' er et lukket kammer hvor varmen bygger seg opp og vil så varme bygninger, ødelegge avfall, smelte eller raffinere halm, osv. I Bibelen blir ordet 'ovn' brukt til å betegne Guds vanskeligheter, dom, Helvete, osv. Daniels tre venner, Sadrak, Mesjak og Abed-Nego nektet å bøye seg ned for det gylne speilbilde som Nebukadnesar hadde satt opp, så de ble kastet inn i ovnen. Men med Guds hjelp kom de levende ut igjen og var ikke skadet (Daniel 3. kapittel).

'Halm' er strå av tresket korn, brukt som mat og seng for dyr, for å lage tak, og for veving eller fletting for kurver. I Bibelen vil 'strå' symbolsk referere til noe veldig ubetydelig og verdiløst.

## Hva er arroganse?

Arroganse er når en ser på andre som ikke bedre enn en selv. Det er å se ned på andre mennesker, og tenke 'Jeg er bedre enn dem'. En av de mest typiske tilfellene hvor en slik stolthet kan vise seg i en person er når en person tenker at han er elsket og anerkjent av organisasjonens overhode eller gruppen som han individet tilhører. Gud vil noen ganger bruke denne metoden med å og komplimenter slik at et individ kan oppdage om han har en stolt egenskap.

En av de mest normale former for stolthet er det å dømme og fordømme andre. Vi må spesielt våre forsiktige om å ikke holde på åndelig stolthet som får oss til å dømme andre med Guds Ord, som skal strengt bli brukt som grunnlag til å reflektere på oss selv. Åndelig stolthet er en veldig farlig form for ondskap fordi den kan ikke lett bli oppdaget; og vi må derfor ta spesielt vare på det å ikke bli åndelig arrogante.

## 14. Kapittel

# "Dette Sier Vertenes HERRE..."

*"For se, dagen kommer, brennende som en ovn; da skal alle overmodige og hver den som lever ugudelig, være som halm, og dagen som kommer, skal sette dem i brand, sier HERREN, hærskarenes Gud, så den ikke levner dem rot eller gren. Men for dere som frykter Mitt navn, skal rettferdighetens sol gå opp med legedom under sine vinger; og dere skal gå ut og hoppe som gjøkalver, og dere skal trå ned de ugudelige, for de skal være som aske under deres fotsåler, på den dag Jeg skaper, sier HERREN, hærskarenes Gud."*
*(Malaki 4:1-3)*

Gud bringer hver eneste handling til dom; og alt det som også ligger gjemt, samme om det er godt eller ondt (Forkynneren 12:14). Vi kan se at dette er sikkert hvis vi kikker på menneskenes historie. En stolt person vil søke etter gagn for seg selv. Han vil se ned på andre og samle opp ondskap for å kunne få masse rikdommer. Men ødeleggelse vil vente på ham til slutt. På den annen side vil et ydmykt menneske som ærer Gud kan skje virke dum eller vil møte vanskeligheter i begynnelsen, men han vil på slutten motta store velsignelser og respekt fra alle mennesker.

**Gud avviser de stolte**

Sammenlign de to kvinnene i Bibelen, Vasjti og Esther. Dronning Vasjti var dronningen til kong Ahasverus, kongen i det persiske keiserrike. En dag holdt kong Ahasverus en fest middag og spurte dronning Vasjti og komme. Men siden Vasjti var stolt av hennes stilling og utrolig skjønnhet, nektet hun kongens forespørsel. Kongen ble så veldig sint og fjernet henne fra hennes stilling. Hva var forskjell på Esters situasjon, hun som ble dronning etter Vasjti?

Ester som fikk stilling som dronning, hadde opprinnelig vært en jødisk fange som hadde blitt brakt til Babylon under kong Nebukadnesars styre. Ester var ikke bare vakker, men hun var også klok og ydmyk. På et tidspunkt erfarte folket hennes store vanskeligheter på grunn av amalekitten ved navnet Haman. Da fastet og ba Ester i tre dager, og med en bestemmelse om at hun var villig til å dø, ble hun renset og stod ydmykende rett foran kongen i hennes kongelige kappe. Siden hun hadde vært så ydmyk overfor kongen og folket, mottok hun ikke bare kongens tillit og kjærlighet, men hun kunne også oppholde den store oppgaven om å redde folket sitt.

Siden det ble skrevet i Jakob 4:6, "Gud liker ikke de stolte, men gir ære til de ydmyke," må vi aldri bli stolte og bli kastet ut av Gud. Og det står skrevet i Forkynneren 4:1, "Alle de arrogante og alle de onde vil bli til agn," avhengig av om de bruker sin kunnskap, visdom, og makt for godt eller ondt, vil resultatet bli veldig forskjellig. Et godt eksempel på dette vil være David og Saulus.

Når David ble konge, var hans første tanke angående Gud, og han fulgte Hans vilje. David ble velsignet av Gud fordi han ydmykt ba til Ham, søkte etter visdom for å kunne finne ut av hvordan han kunne styrke nasjonen og gi hans folk fred. Men Saulus ble på den annen side overfylt med grådighet og han engstet seg over å miste stillingen som konge, så han sløste vekk mye av hans tid med å prøve å drepe David, som mottok Guds og hans folks kjærlighet. Siden han var stolt, hørte han ikke etter hans profeters irettesettelser. Til slutt ble han forlatt av Gud og han døde miserabelt midt i en kamp.

Vi burde derfor klart og tydelig forstå hvordan HERREN Gud dømmer de stolte, og burde fullstendig kaste bort stoltheten. Hvis vi blir kvitt stolthet og blir ydmyke, da vil Gud være tilfreds med oss og holde seg sammen med oss gjennom svarene på våre bønner. Salomos Ordspråk 16:5 sier, "Alle som er stolte i hjerte vil bli avskydd av HERREN: selv om de står hånd i hånd, skal han ikke gå ustraffet" (KJV) Gud hater et stolt hjerte så mye at alle de som holder seg sammen med en stolt mann vil bli straffet sammen med ham. Onde mennesker har det med å flokke seg sammen med andre onde mennesker, og gode mennesker har det med å flokke seg sammen med gode mennesker. Dette samholdet kommer også fra stolthet.

## Kong Hiskias stolthet

La oss kikke litt nærmere på hvor mye Gud hater stolthet. Blant Israels konger, var det mange som først begynte deres styre ved å elske Gud og adlyde Hans vilje, men som med tiden ble stolte, satte seg opp imot Guds vilje, og ikke adlød Ham. En av disse kongene er kong Hiskia, den 13de kongen for det sørlige kongerike i Judea.

Kong Hiskia, som ble konge etter hans far, Akas, var elsket av Gud fordi han var ærlig, akkurat som David. Han fjernet det fremmede altrene og de høye stedene, og rev ned de hellige søylene inne i landet. Han ble fullstendig kvitt alle idolene landet som Gud hatet, som for eksempel Asjera stolpen som han hadde kuttet ned (2. Kronikerne 29:3-30:27).

Men når landet begynte å erfare politiske vanskeligheter på grunn av feil fra den tidligere kongen som hadde vært uordentlig og urettferdig, istedenfor å stole på og ha tillit til Gud, satte kong Hiskia seg sammen med nære land som Egypt, Filisterne, Sidon, Moab, og Ammon. Esaias irettesatte kong Hiskia mange ganger fordi han begikk forferdelige handlinger som satte seg opp imot HERRENs vilje.

Siden han var full av stolthet, hørte kong Hiskia ikke på Esaias advarsler. Til slutt forlot Gud Judea, og Sankerib, kongen i Assyria, slo ned Judea og ødela det. Kong Sankerib vant så Judea og tok 200.000 mennesker til fange. Og når kong Sankerib ba om at kong Hiskia måtte betale masse for reparasjon, Hiskia møtte disse befalingene ved å strippe all den dyrebare pynten fra Tempelet og palasset, og ved å tømme landets statskasse. Pynten i Tempelet burde ikke bli rørt av hvem som helst. Men siden Hiskia ga bort disse hellige tingene på egen hånd og for sin egen overlevelse, kunne ikke Gud gjøre annet enn å snu Seg vekk ifra ham. Når Sankerib fortsatte med å true Hiskia selv etter at han hadde mottatt alle disse erstatningene, innså Hiskia familien at de ikke kunne gjøre noe i det hele tatt på egen hånd, så han gikk til Gud og ba, angret og ropte ut til Ham. På grunn av dette hadde Gud barmhjertighet med ham, og ødela Assyria. Vi kan erfare den samme lærepengen i vår egen familie, arbeidsplass, firma, og i vårt forhold med naboer, og våre brødre og søstre. En stolt person kan ikke motta kjærlighet; og i hvert fall ikke motta hjelp når de har vanskeligheter.

### De troendes stolthet

Demoner kan ikke tre inn i en person som tror på Gud fordi Gud vil beskytte ham. Men det finnes tilfeller hvor demoner trer inn i personer som sier at de tror på Gud. Hvordan kan dette skje? Gud liker ikke stolte mennesker. Så hvis en person blir stolt til det punkt hvor Gud vender sitt ansikt vekk ifra Ham, da kan demoner sette seg inn i ham. Hvis en person blir åndelig stolt, da kan Satan få demoner til å sette seg inne i ham, og styre ham og få ham til å begå onde handlinger.

Selv om en ikke blir besatt, kan han såre sannheten og så bli bedrøvet hvis en troende blir åndelig stolt. Siden han ikke adlyder Guds Ord, holder Gud seg ikke sammen med ham, og alt vil ikke gå godt i livet hans. Akkurat som det blir skrevet i Salomos Ordspråk 16:18, "Stolthet kommer før ødeleggelse, og en overlegen ånd før de snubler," er stolthet ikke fordelaktig på noen måte. Det vil egentlig bare bringe smerter og lidelser.

Vi må vite at åndelig stolthet er en absolutt parasitt, og må bli fullstendig ødelagt.

Så hvordan kan de troende vite om de er stolte? En stolt person tror alltid at han har rett, så han tar ikke andres kritikk veldig seriøst. Og ikke oppføre seg ifølge Guds Ord er også en form for stolthet, fordi dette viser at en ikke respekterer Gud. Når David brøt Guds befaling og syndet, da irettesatte Gud ham harskt, og sa, "Du har foraktet Meg" (2. Samuel 12:10). Så det å ikke be, ikke elske, ikke adlyde, og ikke kunne se pinnen inne i ens eget øye, men heller peke på støvet i andres øyne, er alle eksempler på stolthet.

Det å se ned på andre mens en dømmer og fordømmer dem ifølge vår egen standard, skryter av oss selv, vil gjerne vise seg, er alle former for stolthet. Å hoppe opp ved hver eneste mulighet for å bli involvert i debatter og muntlige kranglinger er også en form for stolthet. Hvis du er stolt, da vil du gjerne at noen tjener deg og du vil gjerne nå toppen. Og mens du prøver å gjøre ting for deg selv og bli berømt, begynner du også å samle opp masse ondskap.

Du må angre på en slik stolthet, og bli en ydmyk person for å kunne nyte et rikt og lykkelig liv. Det er derfor Jesus sa, "Med mindre du omvender deg og blir akkurat som et barn, vil du ikke komme inn til himmelens kongerike" (Matteus 18:3). Hvis en person blir stolt i hjerte, og han tenker at han alltid har rett, og han hele tiden prøver å forsvare hans selv beherskelse, og involverer hans egne tanker, da kan han ikke akseptere Guds Ord nøyaktig og oppføre seg deretter, og han vil kanskje heller ikke bli frelst.

### De falske profetenes stolthet

Hvis du kikker inn i det Gamle Testamentet, kan du se tider når konger spør profeter om fremtidige begivenheter, og oppførte seg ifølge deres råd. Kong Ahab var den sjuende kongen i det nordlige kongerike i Israel, og da han døde var tilbedelse av Baal på hjemmefronten veldig utbredt, og på utlandets side var krigens fiendtlighet imot Aram i full sving. Dette skjedde fordi Ahab nektet å høre på profeten Mikajas advarsler, og stolte istedenfor på ordene til de falske profetene.

I 1. Kongeboken 22. kapittel, spurte kong Ahab Judeas kong Jehosjafat om å samle seg sammen med ham for å ta tilbake Ramot-gilead fra kong Aram. På den tiden hadde kong Jehosjafat, som elsket Gud, foreslått at de først skulle spørre en profet for å søke etter Guds vilje før de tok en avgjørelse. Da tilkalte kong Ahab sammen rundt fire hundre falske profeter som alltid smigret ham, og spurte dem om råd. De profeterte enstemmig at Israel ville seire.

Men Mikaja, en virkelig profet, forkynte at de ville tape. Mikajas forkynnelse ble til slutt ignorert, og de to kongene gikk sammen og dro til krig imot Aram. Hva var resultatet? Krigen endte uten noen som helst seier til noen av dem. Og kong Ahab som ble trengt opp i et hjørne, kledde seg ut som en soldat så han kunne snike seg vekk ifra kamp stedet, men ble skutt av en tilfeldig pil og døde fordi han mistet for mye blod. Dette var resultatet av Ahabs oppmerksomhet av de falske profetenes forkynnelser og ikke høre på forkynnelsen fra Mikaja, en virkelig profet. Falske profeter og falske lærere vil motta Guds fordømmelse. De vil bli kastet inn i Helvete—inn i svovel tjernet, som er sju ganger så varmt som tjernet med ilden (Johannes Åpenbaring 21:8).

En virkelig profet som Gud holder seg sammen med, har et riktig hjerte overfor Gud, og han kan derfor utføre riktig forkynnelse. Falske profeter, de som bare brautende har en tittel eller en stilling, vil si ting som om det var forkynnelse og lede nasjonene deres mot ødeleggelse, eller lede folket deres på avveie. Hvorvidt det ble innenfor en familie, et land, eller en kirkes institusjon, vil vi erfare fred idet vi følger godheten, hvis vi hører på ordet til et godt og sannferdig menneske. Men hvis vi følger veien til en ond person, da vil vi begynne å erfare lidelse og ødeleggelse.

## Dommen for menneskene som oppfører seg med stolthet og ondskap

1. Timoteus 6:3-5 sier, "Dersom noen farer med fremmed lære og ikke holder seg til vår Herre Jesu Kristi sunde ord og den lære som hører til gudsfrykt, han er oppblåst skjønt han intet forstår, men er syk for stridsspørsmål og ordkrig, som volder avind, kiv, spottord, ond mistanke, stadig krangel iblant mennesker som er fordervet i sitt sinn og har tapt sannheten, idet de akter gudsfrykten for en vei til vinning."

Guds Ord inneholder bare godhet; så ikke noen annen lære er derfor nødvendig. Siden Gud er perfekt og god, da er det bare Hans lære som er virkelig sannheten. Men onde mennesker som ikke kjenner sannheten, vil prate om forskjellig lære og diskutere og skryte av seg selv. Hvis vi uttrykker "kontrovers spørsmål", da hevder vi at det er bare vi som har rett. Hvis vi "krangler muntlig" betyr dette at vi opphøyer vår stemme og bruker ord til å diskutere. Hvis vi er "misunnelige", da vil dette bety at vi vil skade noen hvis de mottar mer kjærlighet enn oss. Vi forårsaker "strid" hvis vi engasjerer oss i krangler som får mennesker til å gå hver sin vei. Hvis vi blir innbilske som dette, da vil vårt hjerte bli korrupt, og vi vil gjøre kjødelig arbeide--som Gud hater. Så hvis en stolt person ikke angrer og omvender seg, da vil Gud snu sitt ansikt vekk fra ham, og han vil motta fordømmelse. Samme hvor mye han roper ut, "Herre, Herre," og sier at han tror på Gud, vil han bli kastet inn i Helvetes ilden sammen med alt det andre skrotet, hvis han ikke angrer men fortsetter å synde på Dommedagen.

### Velsignelsene til de rettferdige som frykter Gud

En person som virkelig tror på Gud vil bryte ned deres stolthet og onde gjerninger for å bli et rettferdig menneske som frykter Gud. Hva betyr det å frykte HERREN Gud? Salomos Ordspråk 8:13 sier, "Å ha frykt for HERREN er å hate ondskap; stolthet og arroganse og onde ting. Og Jeg hater den perverse munnen." Hvis vi hater ondskap og kaster bort all form for ondskap, da kan vi bli mennesker som oppfører seg rettferdige i Guds øyne.

Til slike mennesker Gud vil gi en overflod av kjærlighet og gi dem frelse, svar på bønner, og velsignelser. Gud sier, "Men for dere som frykter Mitt navn, skal rettferdighetens sol gå opp med legedom under sine vinger; og dere skal gå ut og hoppe som gjøkalver, og dere skal trå ned de ugudelige, for de skal være som aske under deres fotsåler, på den dag Jeg skaper, sier Herren, hærskarenes Gud" (Malakias 4:2-3).

Til de som frykter Gud og holder seg til Hans budskap, akkurat som det gjelder hvert eneste menneske (Forkynneren 12:13), vil Gud velsigne dem med rikdommer, ære, og liv (Salomos Ordspråk 22:4). De vil derfor motta svar på deres bønner, helbredelse, og velsignelser, slik at de kan hoppe på samme måte som kalvene fra båsen og nyte en virkelig lykke.

I 2. Mosebok 15:26 sier Gud, "Dersom du hører på HERREN din Guds røst, og gjør det som er rett i Hans øyne, og gir akt på Hans bud, og holder alle Hans forskrifter, da vil Jeg ikke legge på deg noen av de sykdommer som Jeg la på egypterne; for Jeg er HERREN, din lege." Så samme hvilke sykdommer han får, vil en person som frykter Gud motta helbredelse og leve et sunt liv, og vil til slutt komme inn i Himmelen og nyte den evige ære og lovprisning.

Vi må derfor forsiktig inspisere oss selv. Og hvis vi finner noen form for stolthet og ondskap inne i oss, da burde vi angre og omvende oss fra disse onde tingene. La oss til slutt bli rettferdige mennesker som frykter Gud med ydmykhet og tjeneste.

… 15. Kapittel …

# Angående Synd, Rettferdighet, og Dom

*"Men jeg sier dere sannheten: Det er til gagn for dere at Jeg går bort; for går Jeg ikke bort, da kommer talsmannen ikke til dere; men går Jeg bort, da skal Jeg sende ham til dere. Og når han kommer, skal han overbevise verden om synd og om rettferdighet og om dom: om synd, fordi de ikke tror på Meg; om rettferdighet, fordi Jeg går til Faderen, og dere ser Meg ikke lenger; om dom, fordi denne verdens fyrste er dømt."*
*(Johannes 16:7-11)*

Hvis vi tror på Jesus Kristus og åpner våre hjerter for å akseptere Ham som vår Frelser, da vil Gud gi oss den Hellige Ånd i gave. Den Hellige ånd leder oss slik at vi blir født på ny, og hjelper oss med å forstå Guds Ord. Han arbeider på mange forskjellige måter, som det å lede oss slik at vi kan leve i sannheten, og lede oss slik at vi kan fullføre frelse. Vi må derfor gjennom den Hellige Ånd lære hva synd er, og vite hvordan vi kan se forskjell på det som er riktig og det som er galt. Vi må også lære å oppføre oss rettferdig slik at vi kan komme inn til Himmelen og unngå dommen med Helvete.

## Angående synd

Jesus fortalte Hans disipler om hvordan Han måtte dø ved å bli spikret på korset og om hvilke vanskeligheter som disiplene ville møte. Han oppmuntret dem også ved å fortelle dem om hvordan Hans oppstandelse og oppstigning til Himmelen ville bli fulgt av den kommende Hellige Ånd, og om alle de vidunderlige tingene de ville motta på grunn av dette. Jesus oppstigning til Himmelen var et nødvendig steg slik at de kunne sende den Hellige Ånd, Hjelperen.

Jesus sa at når den Hellige Ånd kommer, ville Han straffe verden angående synd, rettferdighet, og dom. Hva betyr det så at den Hellige Ånd "vil straffe verden angående synd"? Akkurat som det stod skrevet i Johannes 16:9, "angående synd, fordi de ikke tror på Meg," er det å ikke tro på Jesus Kristus en synd, og dette betyr at mennesker som ikke tror på Ham vil til slutt møte fordømmelse. Så hvorfor er det å ikke tro på Jesus Kristus en synd?

Kjærlighetens Gud sendte ned Hans eneste Sønn, Jesus Kristus, til denne verden for å åpne opp veien mot frelse for menneskene som ble slaver til synden på grunn av Adams ulydighet. Ved å dø på korset, reddet Jesus menneskene fra alle syndene, åpnet døren til frelse, og ble den eneste Frelseren. Så det å ikke tro på dette faktum, være klar over det, er i seg selv en synd. Og en person som ikke aksepterer Jesus Kristus som hans eller hennes Frelser kan ikke motta tilgivelse fra synden, så han eller henne vil derfor forbli en synder.

### Hvorfor Han dømmer på grunn av synd

Vi kan se at det finnes en Gud Skaper bare ved å kikke på alle skapelsene. Romerne 1:20 sier, "For hans usynlige vesen, både Hans evige kraft og Hans guddommelighet, er synlig fra verdens skapelse av, idet det kjennes av Hans gjerninger, for at de skal være uten unnskyldning." Dette betyr at ingen kan lage en unnskyldning på at de ikke trodde fordi de ikke kjente Gud.

Selv et lite armbåndsur kan ikke bare helt tilfeldig bli satt sammen uten en menneskelig designer og produsent. Så hvordan kunne så det mest komplekse og mest innviklede universet bare ha helt tilfeldig blitt formert på egen hånd? Bare ved å observere universet, kan menneske oppdage Guds guddommelige og evige makt.

Og nå for tiden vil Gud vise seg ved å åpenbare tegn og under gjennom disse menneskene som Han elsker. Mange mennesker har sikkert erfart i hvert fall en gang å blitt evangelisert av noen om å tro på Gud, fordi Han var virkelig. Noen mennesker vil kanskje til og med vært vitne til mirakler, eller hørt om det fra et vitne som selv hadde sett noe på nært hold. Hvis en person selv etter at de har hørt om disse tegn og under fremdeles ikke tror fordi han har et ufølsomt hjerte, da vil han til slutt gå veien mot døden. Det er dette det menes når Skriftene sier at den Hellige Ånd "vil straffe verden angående synd."

Grunnen til at mennesker ikke aksepterer evangeliet er vanligvis på grunn av at de lever et syndig liv mens de jager etter deres eget gagn. De tenker at denne verden er alt, og de kan derfor ikke tro på Himmelen og det evige livet. I Matteus 3. kapittel roper Døperen Johannes ut til mennesker for å angre, for himmelens kongerike er nær. Han sier også, "Øksen ligger allerede ved roten av trærne; derfor blir hvert tre som ikke bærer god frukt, hugget ned og kastet på ilden," (v. 10) og "Han har sin kasteskovl i sin hånd, og han skal rense sin låve og samle sin hvete i laden, men agnene skal han brenne opp med uslukkelig ild." (v. 12).

En bonde sådde, kultiverte, og høstet inn fruktene. Så tar han kornene inn i låven og kaster vekk agnet. Gud er på samme måte. Gud kultiverer menneskene, og Han leder Sine virkelige barn som lever i sannheten til et evig liv. Hvis de jager etter verden og forblir syndere, da må Han forlate dem slik at de vil gå imot døden. Så for å kunne bli hveten som mottar frelse, må vi bli rettferdige og følge etter Jesus Kristus med tro.

## Angående rettferdighet

Under Guds forsyn kom Jesus her til verden og døde på korset for å løse menneskenes syndige problemer. Men han måtte overvinne døden, oppstå fra de døde, og stige opp til Himmelen fordi Han ikke hadde noen opprinnelig synd, begikk ikke selv noen synder, og Han var rettferdig. I Johannes 16:10 sa Jesus, "...og angående rettferdighet, fordi Jeg drar til Faderen og dere ikke lenger vil se Meg..." Det finnes en understått mening i disse ordene.

Men Jesus hadde ikke noen synd i det hele tatt, Han kunne fullføre Hans misjon med å komme hit til verden—Han kunne ikke bli holdt ned av døden, og derfor oppstod Han. Han gikk også til Gud Faderen for å kunne motta Himmelen som oppstandelsens første frukt. Det er dette Han kaller "rettferdig".

Så når vi aksepterer Jesus Kristus, da mottar vi gaven fra den Hellige Ånd, og vi får myndigheten til å bli Guds barn. Gjennom godtagelsen av Jesus Kristus går vi fra å være djevelens barn til å bli født på ny som Guds hellige barn.

Det er dette det menes med å motta frelse ved å bli kalt "rettferdig" gjennom troen. Det er ikke på grunn av at vi gjorde noe som fortjente frelse. V mottar bare frelse gjennom troen, og dette koster ikke noe. Derfor burde vi alltid være takknemlige overfor Gud og være rettferdige. Vi kan gjenopprette Guds speilbilde når vi kjemper imot synd til det punkt hvor vi blør, og så kaster det bort for så å etterligne Herrens hjerte.

### Hvorfor Han dømmer på grunn av rettferdighet

Hvis vi ikke er rettferdige, da vil til og med de ikke troende håne oss. Troen er fullstendig når den er fulgt av handling, og troen uten handling er en død tro (Jakob 2:17). Dette er fordi de ikke troende dømmer og fordømmer fra deres eget synspunkt, og sier, "Du sier at du går til kirken, men fremdeles både drikker og røyker du? Hvordan kan du gå rundt omkring og kalle deg selv en av Kristus tilhengere?!" Så hvis du som en troende mottar den Hellige Ånd, men ikke lever et rettferdig liv, men bare mottar dom, er dette hva Skriftene kaller "straff angående rettferdighet".

I dette tilfelle Gud vil irettesette og disiplinere Hans barn gjennom den Hellige Ånd, slik at han ikke fortsetter å leve et syndig liv. Så grunnen til at Gud tillater at visse typer prøvelser og vanskeligheter blir gitt til noen menneskers familier, arbeidsplasser, firmaer, eller seg selv, er for å dytte dem den riktige veien slik at de kan leve som rettferdige menn og kvinner. Og siden også fiende djevelen og satan anklager dem, må Gud tillate prøvelser ifølge den åndelige loven.

Skribentene og fariseerne var sikre på at de levde et rettferdig liv fordi de trodde de kjente Loven veldig godt og holdt seg veldig strengt til den. Men Jesus sier at med mindre vår rettferdighet er større enn skribentene og fariseerne, vil vi ikke komme inn til himmelens kongerike (Matteus 5:20). Bare det å rope, "Herre, Herre," vil not ikke nødvendigvis bety at vi blir frelst. For å kunne få komme til Himmelen må vi tro på Herren fra bunnen av vårt hjerte, kaste bort syndene, og holde oss midt i rettferdigheten.

"Å leve i rettferdigheten" betyr ikke å høre på Guds Ord og så holde på det i vårt hjerte bare som kunnskap. Det er for å bli et rettferdig menneske ved å tro dypt i vårt hjerte og så oppføre oss ifølge Hans Ord. Tenk på hvordan Himmelen ville være hvis den var full av svindlere, forbrytere, løgnere, ekteskapsbrytere, sjalue folk, osv. Gud kultiverer ikke menneskene for så å bringe skrotet inn i Himmelen! Guds mål er å ta hveten—den rettferdige, inn til Himmelen.

## Angående Dom

Johannes 16:11 sier, "... om dom, fordi denne verdens fyrste er dømt." Her vil "denne verdens fyrste" referere til fiende djevelen og Satan. Jesus kom hit til verden på grunn av menneskenes synd. Han fullførte det rettferdige arbeide og la igjen den siste dommen. Men vi kan også si at den siste dommen var allerede laget fordi menneskene kan bare motta tilgivelse for syndene og frelse gjennom troen på Jesus Kristus.

De som ikke tror vil til slutt ende opp i Helvete, så det er akkurat som om de allerede hadde mottatt deres dom. Det er derfor Johannes 3:18-19 sier, "Den som tror på Ham, blir ikke dømt; den som ikke tror, er allerede dømt, fordi han ikke har trodd på Guds enbårne Sønns navn. Og dette er dommen, at lyset er kommet til verden, og menneskene elsket mørket fremfor lyset; for deres gjerninger var onde."

Hav kan vi så gjøre for å unngå dommen? Gud ba oss om å være fornuftige, være rettferdige, og stoppe å synde (1. Korinterne 15:34). Han ba oss også å holde seg vekk ifra all form for ondskap (1. Tessalonikerne 5:22). For å kunne oppføre seg rettferdig i Guds øyne, burde vi utvilsomt bli kvitt de utvendige syndene, men vi må også kaste vekk den minste ondskapen.

Hvis vi hater ondskap og vi forplikter oss til å holde oss gode, da kan vi kaste bort syndene. Du vil kanskje spørre, "Det er så vanskelig å bare bli kvitt selv en eneste synd; så hvordan kan jeg bli kvitt alle mine synder?" Se på det på denne måten. Hvis du prøver å dra røttene ut av et tre en etter en, er dette forferdelig vanskelig. Men hvis du drar ut hovedroten, da vil alle de andre små røttene også automatisk bli rykket opp. Hvis du på samme måte fokuserer på å bli kvitt den vanskeligste synden først, da kan du også bli kvitt andre syndige egenskaper sammen med den ene synden, gjennom fasting og iherdig bønn.

Inne i en persons hjerte sitter det kjødelige begjæret, øyets begjær, og livets skrytende stolthet. Disse er blant mange form for ondskap som kommer ifra fiende djevelen. Mennesker kan derfor ikke kaste vekk disse syndene fullstendig bare med hans egen styrke. Det er derfor den Hellige Ånd hjelper de som prøver å bli reddet og ber. Siden Gud er tilfreds med deres anstrengelse, vil Han gi dem nåde og styrke. Når disse fire tingene—nåden og styrken ifra Gud, våre anstrengelser, og med hjelp av den Hellige Ånd--arbeider sammen, da kan vi helt sikkert kaste vekk våre synder.

For at dette kan skje, må vi først stoppe øynenes begjær. Hvis noe er løgn, er det best at vi ikke ser det, hører det, eller holder oss i nærheten av det. La oss gå ut ifra at en tenåring så noe uanstendig på en film eller på TV. Da vil hjerte bli vekket opp, og de kjødelige begjærene inne i hjerte vil bli stimulert. Dette vil få tenåringen til å komme opp med onde planer og når disse planene blir satt til verks, da kan alle slags problemer oppstå. Det er derfor veldig viktig at vi stopper øynenes begjær.

Matteus 5:48 sier, "Du må derfor være perfekt, fordi din himmelske Far er perfekt." Og i 1. Peter 1:16 sier Gud, "Du må være hellig, for Jeg er hellig." Noen mennesker vil kanskje spørre, "Hvordan kan et menneske bli perfekt og hellig akkurat som Gud?" Gud vil at vi skal være hellig og perfekt. Og ja, vi kan ikke fullføre dette med vår egen styrke. Men dette er grunnen til at Jesus hang på korset, og det er på grunn av dette at den Hellige Ånd, Tjeneren, hjelper oss. Bare fordi noen sier at de har akseptert Jesus Kristus og sier til Ham, "Herre, Herre", betyr ikke dette at han vil komme opp til Himmelen. Han må kaste bort hans synder og leve et rettferdig liv for å kunne unngå dom og så komme inn til Himmelen.

### Den Hellige Ånd dømmer verden

Så hvorfor kom den Hellige Ånd for å straffe verden angående synd, rettferdighet, og dom? Det er fordi verden er full av ondskap. Akkurat som når vi planlegger noe, vet vi at det finnes en begynnelse og en slutt. Hvis vi ser på de forskjellige tegn her i denne verden i dag, kan vi se at slutten er nær.

Gud Skaperen overser historien til menneskene med en klar plan angående begynnelsen og slutten. Hvis vi ser på tilfellene i Bibelen, finnes det en klar forskjell mellom godt og ondt, og det finnes også en klar forklaring om at synd fører til døden og at rettferdighet fører til et evig liv. Til de som tror på Gud, vil Han velsigne og ta seg av dem. Men de som ikke tror på Ham vil til slutt bli dømt og gå imot døden. Men dommen over dem er fra gammel tid ikke ørkesløs, og deres fortapelse sover ikke (2. Peter 2:3).

Guds dom kommer akkurat nå, på samme måte som den Store Flommen på Noahs tid, og ødeleggelsen av Sodoma og Gomorra under Abrahams tid. For at israelerne kunne bli fri fra Egypt, Gud sendte ned to plager til Egypt. Dette var en dom for Farao på grunn av hans arroganse.

Og rundt to tusen år tilbake, når Pompeii ble korrupt med forferdelig perversitet og forfall, ødela Gud det med natur katastrofer som vulkan utbrudd. Hvis du besøker Pompeii i dag, er byen som var dekket av asken fra vulkanen preservert nøyaktig slik den var da den ble ødelagt, og en kan med det samme se korrupsjonen som fantes på den tiden.

Også i det Nye Testamentet irettesatte Jesus en gang de hyklede skribentene og fariseerne ved å repetere 'Ve dere' sju ganger. For å kunne unnvære at verden falt inn i fordømmelse og Helvete, må verden bli straffet og irettesatt.

I Matteus 24. kapittel, spør disiplene Herren om hvilke tegn som vil vise seg for Hans tilbakekomst og hvilke tegn for verdens ende. Jesus forklarte helt detaljert til dem at det ville skje uttrykkelige store vanskeligheter. Gud vil ikke åpne døren til himmelen og helle vann ned på flammene som Han hadde gjort før, men Han vil gi dommer som er i likhet med den tidsperioden.

Boken med Åpenbarelse forkynner om de mest avanserte våpen som vil komme til syne, og det vil oppstå stor ødeleggelse på en helt utrolig skala gjennom krig. Når nå Guds plan om menneskenes kultivasjon avsluttes, da vil den Store Dommedagen komme. Og når denne dagen kommer, vil det skje en dom om hver person vil leve i all evighet i Helvete, eller i all evighet i Himmelen. Så hvordan burde vi leve akkurat nå?

### Kast bort synd og lev et rettferdig liv

For å kunne unngå dom, må vi kaste bort våre synder og leve rettferdig. Og det som er enda mer viktig er at hver person må pløye sitt hjerte med Guds Ord akkurat som en bonde pløyer åkeren. Vi må pløye veien, den steinete jorden, og jorden full av torner, og la det bli god og fruktbar jord.

Men noen ganger vil vi undre på, "Hvorfor vil Gud la ikke troende være, og så gi meg vanskeligheter? Jeg som tror." Dette er fordi de ikke troende er allerede dømt og vil gå til Helvete, så de trenger ikke å bli disiplinert, akkurat som en bukett med blomster ser vakker ut på utsiden, men vil egentlig ikke ha noe liv.

Grunnen til at Gud disiplinerte oss, er fordi vi er hans virkelige barn, vi er ikke uekte barn. Vi burde derfor heller være takknemlige for Hans irettesettelse (Hebreerne 12:7-13). Det er akkurat som foreldre når de irettesetter barna deres fordi de elsker dem og de vil gjerne føre dem den riktige veien, selv om dette betyr at de må slå dem med kjeppen. Vi er nemlig Guds barn, og når det er nødvendig, vil Gud tillate visse vanskeligheter for oss for å kunne føre oss til frelse.

Forkynneren 12:13-14 sier, "Enden på det hele, etter at alt er hørt, er dette: Frykt Gud og hold Hans bud! Det er hva hvert menneske bør gjøre. For hver gjerning vil Gud føre frem for dommen over alt som er skjult, enten det er godt eller ondt" (KJV). Å leve rettferdig betyr at vi fullfører hele menneskenes forpliktelse. Siden Guds Ord ber oss om å be, burde vi be. Siden Han ber oss om å holde Herrens Dag hellig, burde vi holde den hellig. Og når Han ber oss om ikke å dømme, burde vi ikke dømme. Når vi gjør dette, da vil vi motta livet og vi kan gå imot det evige livet når vi holder på Guds Ord og oppfører oss deretter.

Jeg håper derfor at du vil sette inn alle disse budskapene i ditt hjerte slik at du kan bli hveten som bærer den åndelige kjærligheten som har blitt beskrevet i 1. Korinterne 13. kapittel, de ni fruktene fra den Hellige Ånd (Galaterne 5:22-23), og velsignelsene fra Saligprisningene (Matteus 5:3-12). Jeg ber i Herrens navn at dere ikke bare vil motta frelse når dere gjør dette, men at dere også blir Guds barn som skinner akkurat som solen i himmelens kongerike.

Hvis noen hører mine ord, men ikke holder seg til dem, vil Jeg ikke dømme ham; for Jeg kom ikke hit for å dømme verden, men for å redde verden." (Johannes 12:47)

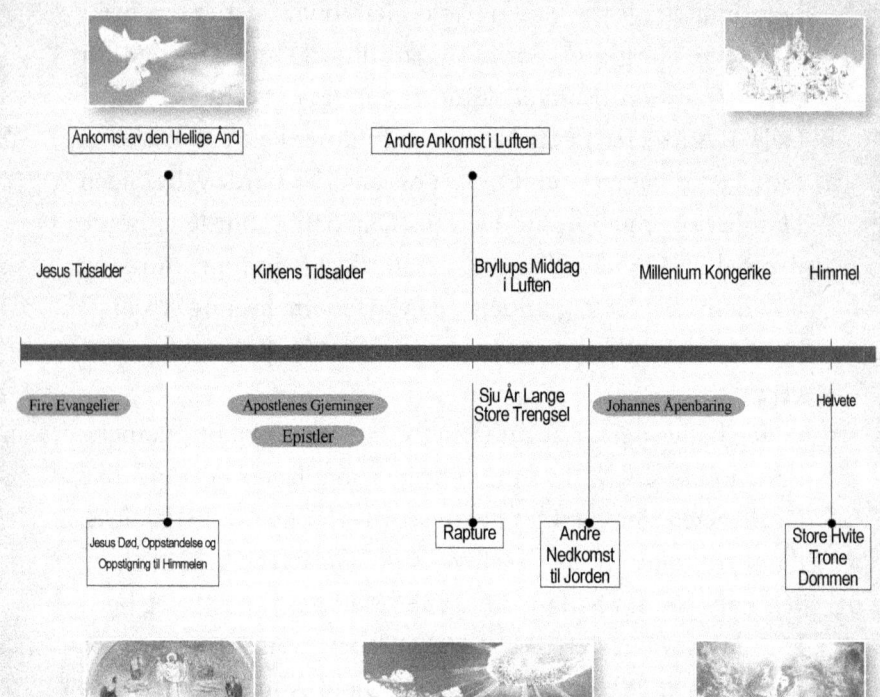

"Jesus sa til ham, 'Jeg er veien, sannheten og livet; ingen kan komme til Faderen hvis de ikke går gjennom Meg.'" (Johannes 14:6)

"...men du vil få makt når den Hellige Ånd har kommet til deg; og du skal bli Mitt vitne både i Jerusalem og i hele Judea og Samaria, og til og med steder som ligger lengst vekk her i verden." (Apostlenes Gjerninger 1:8)

"Se, Jeg kommer hurtig, og Minn belønning er med Meg, for å overgi til ethvert menneske ifølge det han har gjort." (Åpenbaring 22:12)

## Forfatteren
# Dr. Jaerock Lee

Dr. Jaerock Lee var født i Muan, Jeonnam Province, Republic i Korea, i 1943. Da han var i tjue års alderen, led Dr. Lee av forskjellige uhelbredelige sykdommer i sju år og ventet på døden uten noe håp om å bli helbredet. Men en dag på våren 1974 ble han ledet til en kirke av hans søster og når han knelte ned for å be, helbredet den levende Gud ham med det samme fra alle hans sykdommer.

Fra det tidspunktet hvor han møtte den levende Gud gjennom denne vidunderlige erfaringen, har Dr. Lee elsket Gud med hele sitt hjerte og oppriktighet, og i 1978 ble han tilkalt til å bli en av Guds tjenere. Han ba iherdig gjennom mangfoldig faste og bønner slik at han klart og tydelig kunne forstå Guds vilje, og fullstendig fullføre det og adlyde Guds Ord. I 1982, startet han Manmin Sentral Kirken i Seoul, Korea, og Guds mangfoldige arbeid inkludert utrolige helbredelser, tegn og under, har funnet sted på denne kirken helt fra starten av.

I 1986, ble Dr. Lee presteviet som pastor ved det Årlige Sammenkomsten om Jesus, i Sungkyul Kirken i Korea, og fire år senere i 1990, begynte hans gudstjenester å bli kringkastet i Australia, Russland, og Filippinene. Innen kort tid ble mange flere tilhørere lagt til gjennom den Fjerne Østens Kringkastings Firma, den Asiatiske Kringkastingsstasjonen og Washingtons Kristelige Radio System.

Tre år senere, i 1993, ble Manmin Kirken valgt som en av "Verdens Topp 50 Kirker" av det Kristelige Verdens magasinet (US) og han mottok en Æret Guddommelig Doktorgrad fra Kristian Faith College, Florida, USA, og i 1996 mottok han sin Doktorgrad i Prestetjeneste fra Kingsway Theological Seminary, Iowa, USA.

Siden 1993, har Dr. Lee stått i spissen for verdens forkynnelse gjennom mange utenlandske kampanjer i Tanzania, Argentina, L.A., Baltimore, Hawaii, og New York i USA, Uganda, Japan, Pakistan, Kenya, Filippinene, Honduras, India, Russland, Tyskland, Peru, den Demokratiske Republikk i Kongo, Israel og Estonia.

I 2002 ble han anerkjent som "verdens oppvekkelses predikant" for hans sterke menigheter i forskjellige utenlandske kampanjer av store Kristelige aviser i Korea. Veldig spesiell ble hans 'New York Kampanje i 2006' som ble holdt i Madison Square Garden, verdens mest berømte plass. Begivenheten ble kringkastet til 220 land, og i hans 'Israelske Samlede Kampanje i 2009', som ble holdt ved det

Internasjonale Konferanse Senteret (ICC) i Jerusalem, forkynte han modig at Jesus Kristus er Messias og Frelseren.

Hans gudstjenester blir kringkastet til 176 land via satellitt inkludert GCN TV og han ble skrevet opp som en av de 'Topp 10 Mest Innflytelsesrike Kristelige Ledere' i 2009 og 2010 av det populære Russiske Kristelige magasinet In Victory og nyhetsfirmaet Christian Telegraph for hans mektige TV kringkastings gudstjeneste og utenlandske kirkelige prestegudstjeneste.

Fra og med desember 2016 har Manmin Sentral Kirken en menighet på mer enn 120,000 medlemmer. Det finnes 11,000 søster kirker verden rundt medregnet 56 innenlandske søster kirker, og hittil har mer enn 123 misjonærer blitt sendt til 23 land, iberegnet Amerika, Russland, Tyskland, Canada, Japan, Kina, Frankrike, India, Kenya, og mange fler.

Da denne boken ble utgitt, har Dr. Lee skrevet 105 bøker, inkludert best selgere som Å Smake på Det Evige Livet Før Døden, Mitt Liv, Min Tro I & II, Korsets Budskap, Troens Målestokk, Himmelen I & II, Helvete, Våkn Opp, Israel!, og Guds Makt. Hans arbeide har blitt oversatt til mer enn 76 språk.

Hans kristelige spalte kan sees i Hankyoreh Shinmun, The Seoul Shinmun, The Kyunghyang Shinmun, The Korea Economic Daily, The Korea Herald, The Shisa News, og The Christian Press.

Dr. Lee er for tiden lederen av mange misjonær organisasjoner og foreninger. Stillingene er: Formann, The United Holiness Church of Jesus Christ; Bestående President, The World Christianity Revival Mission Association; Grunnlegger & Styre Formann, Global Christian Network (GCN); Grunnlegger & Styre Formann, World Christian Doctors Network (WCDN); og Grunnlegger & Styre Formann, Manmin International Seminary (MIS).

## Andre prektige bøker fra den samme forfatteren

**Himmelen I & II**

Et detaljert utdrag av de forferdelig flotte omgivelsene som de himmelske innbyggerne nyter og vakker beskrivelse om forskjellige nivåer av de himmelske kongerikene.

**Korsets Budskap**

Et mektig og oppvekkende budskap for alle menneskene som sover åndelig! I denne boken vil du finne grunnen til at Jesus er den eneste Frelseren og Guds virkelige kjærlighet.

**Helvete**

Et oppriktig budskap til alle mennesker ifra Gud, som ikke ønsker at en eneste sjel skal falle inn i dypet av helvete! Du vil oppleve en beretning som aldri før har blitt avslørt om den grusomme virkeligheten til det Lavere Dødsrike og helvete.

**Mitt Liv, Min Tro I & II**

Den vakreste åndelige duften fra livet som blomstret sammen med en uforlignelig kjærlighet for Gud, midt i de mørke bølgene, kalde åkene og de dypeste fortvilelsene.

**Troens Målestokk**

Hva slags oppholdssted, kroner og belønninger blir forberedt for deg i himmelen? Denne boken gir deg visdom og veiledning slik at du kan måle din tro og kultivere den beste og mest modne troen.

www.urimbooks.com

www.ingramcontent.com/pod-product-compliance
Lightning Source LLC
LaVergne TN
LVHW012013060526
838201LV00061B/4293

## GUTTER ROAD

If only Fred Bauman hadn't stopped that rainy night and offered the young woman a ride, his life wouldn't be such a hell now. How was he to know that Joanne was working a con on him when she enticed him in the front seat of his car? Now he's paying more blackmail than he can afford to keep her from crying rape. Fred certainly doesn't want his wife Ethel to find out about his crazy indiscretion. But what he doesn't know is that Ethel has issues of her own. To stave off sexual boredom, she keeps a hidden bottle of vodka for her afternoons, dreaming of a man who can offer her some excitement of her own. Joanne's simple con sets the wheels in motion, and they're all heading down a road that will change their lives forever.

## YOU CAN'T STOP ME

When Lou Andreas is a teenager, filled with the lust of youth, all he wants to do is lose his virginity. But his first experience is a fiasco, and the young prostitute berates him for his failure. Filled with rage, Andreas finds another prostitute, and kills her. After that, sex and death become all mixed up in his head. He kills only prostitutes, but it becomes a compulsion. Then he meets Tony, and for a while Andreas knows what it's like to have a normal relationship. She is everything he could want in a woman. But Tony makes the mistake of falling in love—she wants marriage, which is the last thing on Andreas' mind. And besides, there are so many more streetwalkers who need killing…